Günther Mohr
Dialog und Resonanz

Alternative zur Menschine II

Verlag und Druck: tredition GmbH
Halenreie 40-44, 22359 Hamburg

ISBN

978-3-7439-7963-5 (Paperback)
978-3-7439-7964-2 (Hardcover)
978-3-7439-7965-9 (e-Book)

Titelbild: Günther Mohr

Inhalt

Eigene Motivation

Mein persönliches Interesse an den Dialogverfahren liegt darin begründet, dass ich seit vielen Jahren meine Arbeit in Supervisionsgruppen begleiten lasse. Dort hat sich eine sehr wertschätzende Art des Zusammenarbeitens entwickelt. Außerdem habe ich viele Jahre Erfahrung mit Systemen, die in verschiedensten Varianten kollegiale Beratung nutzen. Ein Highlight war die Konzeption und Implementierung eines Systems von Unterstützungsgruppen, das sehr stark dialogischen Prinzipien entsprach (Mohr, 2014), in einem Unternehmen.

Als zertifiziert und lehrberechtigt in der humanistisch-psychologischen Methode „Transaktionsanalyse", die als Gruppenmethode eingeführt wurde, um dem Einzelnen in und mithilfe der Gruppe Entwicklungsmöglichkeiten zu eröffnen, interessiert mich der Dialog ebenso.

Dieser Band ist der zweite einer Trilogie, die menschliche Antworten auf die „Menschine" geben soll, ein Bild des Menschen, das sich im 21. Jahrhundert als Leitbild abzeichnet: Zunehmendes Ersetzen körperlicher Funktionen durch maschinelle Teile und chemische Glücksbringer. Damit ist dieser Band ein Teil der praktischen Antwort auf Yuval Hararis Buch „Homo Deus" (2017).

Der Begriff „Dialog" ist sowohl in der Umgangssprache als auch in verschiedenen Fachrichtungen (Psychologie, Kommunikationswissenschaft) populär. Eine erste Definition ist die eines Gesprächs zwischen Menschen mit Austausch der Beiträge auf Augenhöhe. Zum wirklichen Dialog wird eine Kommunikation nur, wenn sich aufeinander bezogen wird, eine wechselseitig wertschätzende Haltung mit Interesse an der Position des anderen zwischen den Beteiligten besteht. Dialog kann dann eine tiefere Ebene des Verständnisses erreichen. Dialog bedarf der Empathie, des Bemühens, sich in den anderen hineinzuversetzen und mit ihm mitzufühlen.

Zunehmend werden Formen der Kommunikation benötigt, die positive Ergebnisse auf zwei Ebenen erzielen: der des Sachlichen und der des Emotionalen der Menschen. Die so genannte „Dialogmethode", wie sie von einigen Autoren als explizites Modell in die Humanwissenschaften eingebracht wurde, zielt auf eine gute Kommunikation und Begegnung von Menschen. Im Zentrum stehen Formen des miteinander im Gespräch Seins, die hierarchiefrei zu einer Begegnung von Menschen führen sollen, die ihrem Gedeihen, dem Verständnis und auch der Lösung von Problemen am meisten entgegenkommt. Die hinter getroffenen Aussagen stehenden Annahmen und Denksysteme zu ergründen, ist dabei ein wichtiger Teil. Entgegen der landläufigen Interpretation des Dialogs als Zwiegespräch findet interessanterweise seine Anwendung heute vor allem im Gruppensetting statt. Viele moderne Methoden wie Open Space, World Café, Theorie U und andere basieren auf Elementen der dialogischen Konzeption. Deshalb haben sich Bushe und Marshak (2016) auch dazu entschlossen diese Methoden unter „Dialogische Organisationsentwicklung" zusammenzufassen.

Martin Buber und David Bohm sind sozusagen die Väter des Dialogkonzeptes, wenn man den Ur-Ur-Großvater, den griechischen Philosophen Sokrates, einmal beiseite lässt. Buber und Bohm haben sich intensiv mit den Fragestellungen des Gespräches befasst. Bei Martin Buber steht die Entwicklung des einzelnen Menschen in der Begegnung mit anderen Menschen im Vordergrund. David Bohm hat mehr die Gesellschaft im Blick. Nach seiner Auffassung entstehen die Probleme der Gesellschaft und auch des Einzelnen aus einem inkohärenten Denken, das es im Dialog herauszufinden und auf kollektiver Ebene zu verändern gilt. Auch Bohms Dialoge mit dem indischen Weisheitslehrer Jiddu Krishnamurti versuchen hier unter der Einbeziehung der westlichen und der östlichen Perspektive Licht ins Dunkel zu bringen. Neuere Formen, die mit dem Dialogbegriff arbeiten, stellen die Anwendung in Organisationen in den Vordergrund. William Issacs aus dem Team von Peter Senge begann damit.

Der Dialog bei Martin Buber

Buber wollte etwas über das Wesentliche des menschlichen Lebens herausarbeiten. Dazu betrachtet er Grundlagen des menschlichen Lebens. Er stellt klar die Bedeutung des wirklich Gegenwärtigen in den Vordergrund. Und dieses Gegenwärtige ist für ihn das Überdauernde. „Gegenwart ist nicht das Flüchtige und Vorübergleitende, sondern das Gegenwartende und Gegenwährende" (Buber, 1983, S. 20). Die Frage, was das Überdauernde ist, beschäftigt ihn. Was ist das Geistige am Menschen? Was ist das, was für den einzelnen konkreten Menschen, der einem begegnet, wesentlich ist, aber auch was ist das, was für den Menschen an sich wesentlich ist? Es ist nicht das Oberflächliche der Alltagswelten, sondern eine Ebene, die Begegnung in der Tiefe ausmacht, das Erkennen des Lebens. Die Beziehung zum Gegenüber ist das alles Entscheidende und sie korrespondiert auch mit der Beziehung zum Großen, zu Gott. Bubers Menschenbild ist so, dass der Mensch für das Positive geschaffen ist. Er scheut sich nicht, es Liebe zu nennen. „Aber der Mensch wohnt in der Liebe. Das ist keine Metapher, sondern die Wirklichkeit: die Liebe haftet dem Ich nicht an, so daß sie das Du nur zum ‚Inhalt‘, zum Gegenstand hätte; sie ist zwischen Ich und Du" (ebenda, S. 22). So fokussiert er das Wesentliche in der Welt auf das, was „zwischen" den Menschen geschieht. Bei ihm wird am deutlichsten, dass das Subjekt im Zentrum steht. Die Beziehung ist wechselseitig. „Beziehung ist Gegenseitigkeit. Mein Du wirkt an mir, wie ich an ihm wirke" (ebenda, S. 23).

Der Mensch wird am Du zum Ich

Es gipfelt in Bubers berühmtestem Satz, der seine Grundorientierung anzeigt „Der Mensch wird am Du zum Ich" (S. 37). Dieser Gedanke hat viele beflügelt. So greift etwa Willigis Jäger, der versucht, christliche und zenbuddhistische Traditionen zusammenzuführen, diese Idee auf, indem er die Menschen der heutigen Zeit auffordert, „aus der Ich-Eingrenzung heraus" zu gehen. Wirklich in Beziehung zu gehen, führt auch zum Beziehen auf das große Ganze. „Der Zweck der Beziehung ist ihr eigenes Wesen. Das ist: die Berührung des Du. Denn durch die Berührung jedes Du rührt ein Hauch des ewigen Lebens uns an" (ebenda, S. 76).

Von der Ich-Du-Beziehung ist die Es-Beziehung abzugrenzen. Den Unterschied sieht Buber in Folgendem: „Die Es-Welt hat Zusammenhang im Raum und in der Zeit. Die Du-Welt hat in Raum und Zeit keinen Zusammenhang" (ebenda, S. 42). Allerdings kann man auch mit Objekten der Es-Welt in eine Beziehung kommen, die einen Charakter der Gegenseitigkeit hat. Spätere Autoren wie Hartmut Rosa, der nach dem sucht, was im Menschen wirkliche Resonanz erzeugt, ist der Es-Welt, den Objekten und auch den großen Phänomenen (Natur, Geschichte, Religion,...) nicht mehr so kritisch gegenüber eingestellt und spricht ihnen ebenso deutlich Resonanzqualität zu (Rosa, 2016).

Begegnung und „Vergegnung"

Buber sprich davon, dass viel Zusammenkommen der Menschen gar nicht Begegnung, sondern „Vergegnung" sei. Für Buber ist Dialog Begegnung. Er betrachtet das Zentrale der menschlichen Entwicklung, der Menschwerdung in der Begegnung mit dem anderen Menschen. So fangen wir schon als kleiner Mensch noch als Bestandteil eines anderen Menschen, der Mutter, an. Dabei spricht sich Buber ähnlich wie später Bohm für die Befreiung von einschränkenden Mustern aus. „Dem Schicksal begegnet nur, wer die Freiheit verwirklicht" (Buber, 1983, S. 65). Allerdings bleibt das Ich-Du, wie es Buber nennt, die Orientierung. Als Eigenwesen, auf sich bezogen macht der Mensch keine wirkliche Entwicklung. Die Negativfokussierung des Um-sich-selber-Drehens, „Meine Art, meine Rasse, mein Schaffen, mein Genius", erinnert an eine berühmt gewordene Werbung („mein Haus, mein Auto mein Boot"), mit der ausgerechnet eine im Gemeineigentum befindliche Bank für kapitalistisch-individualistische Orientierung und eine bestimmte Haltung des Menschen warb. Aber in dieser Perspektive findet der Mensch sich nicht.

Zwar gehört Entwickeln des eigenen Standpunktes, besser das Entdecken desselben, zur Begegnung dazu: „In der Subjektivität reift die geistige Substanz der Person" (S. 77). Allerdings bleibt das kleine „Du" im anderen Menschen und das große „Du" in Gott die zentrale Ausrichtung. Buber unterscheidet dabei Gefühle deutlich von Beziehung (S. 98). Gefühle sind seiner Auffassung nach nur Begleiter von Beziehungen. Sie stehen in einem polaren Verhältnis zu einem gegensätzlichen Gefühl und gewinnen daraus ihre Qualität. Angenehme Gefühle werden so erlebt, weil es auch unangenehme gibt. Die Beziehung, heute würde man vielleicht technischer von erreichter Beziehungsqualität oder Beziehungsfähigkeit sprechen, dagegen ist etwas viel Weitergehendes, das zu etwas Absolutem wird, dann alle relativen Beziehungen einschließt und mit Begriffen wie „das Ganze", „Vollendung" und „Einswerden" (S. 98) belegt wird.

Auch die Beziehung zu Gott sieht Buber in der Gegenseitigkeit und Wechselseitigkeit. Nicht nur der Mensch braucht Gott, sondern der auch den Menschen: „Wie gäbe es den Menschen, wenn Gott ihn nicht brauchte, und wie gäbe es Dich?" (S. 99). Buber diskutiert dann zwei maßgebliche, in spirituellen Wegen vorhandene Positionen. Die erste ist die des im menschlichen Selbst enthaltenen göttlichen Teile wie es im Hinduismus und auch im Christentum von Meister Eckhart vertreten wird. Er stellt sie der Position des Buddhismus gegenüber, das es ein Selbst nicht zu fassen gibt (S. 102). Wenig verwunderlich, Buber kommt hier zu dem Schluss, dass es in Wirklichkeit auf Wechselwirkung, also das ganzheitliche Einbringen in Beziehung ankommt. Nur im „zwischen" entsteht das Wesentliche. Der von ihm vorgeschlagene Entwicklungsweg ist grundsätzlich der Bezug auf Beziehung. Das Streben nach Ichlosigkeit oder mystischen Einswerdens-Erfahrungen auf dem spirituellen Weg erkennt er an, aber immer kommt er zur Begegnung in der Ich-Du-

Beziehung zurück. Insofern ist bei Buber die Entwicklung des Selbst in der Du-Begegnung der zentrale Entwicklungsprozess des Menschen. Der Individuationsweg, um mit C.G. Jung zu sprechen, verläuft über die Beziehung, die durch die Du-Begegnung entsteht.

Würdigung 1: Beziehungsorientierung und das „Zwischen"

Mit seiner Grundlegung des beziehungsorientierten Menschenbildes gibt Buber eine wichtige theoretische Grundlage für alle Entwicklungsprozesse etwa in Erziehung, Lernen, Psychotherapie, Coaching, aber auch im Zusammenwirken in Gemeinschaften bis hin zu Wirtschaftsorganisationen. Es gilt später zu prüfen, wie dies zu realisieren ist.

Gleichzeitig bleibt die Perspektive auf das „Zwischen", den Raum zwischen zwei Personen und was das genau ist, etwas offen. Traditionell psychologisch und auch nach dem was wir heute aus der Hirnforschung wissen, findet alles im Subjekt statt. Dieses nimmt wahr, empfindet, denkt, vollzieht Lernprozesse oder regrediert auch in frühere Lebensalter. Das heißt in der Begegnung von zwei Personen entwickeln sich beide, aber individuell für sich. Autonomie von rigiden inneren

Mustern, wie es die Transaktionsanalyse als Zielsetzung der Persönlichkeitsentwicklung beschreibt, entwickelt sich aus Beziehung, in Beziehung und bleibt in Beziehung. Wir stammen alle aus einer Beziehung, können Beziehung nutzen, uns zu entwickeln und verbessern dadurch unsere Beziehungsqualität. Neuere konzeptionelle Ideen wie die der Übertragung quantenphysikalischer Konzepte zur Beschreibung, wie Informationen zwischen Menschen übertragen werden – etwa in den Systemaufstellungen – bleiben immer noch vage und sind weit entfernt, evidenzbasiert zu sein.

Würdigung 2: Die innerpsychische Struktur

In welcher Form Entwicklung geschieht, ist allerdings auch eine Frage der Struktur der Person. Die innerpsychische Struktur hat eine hohe Bedeutung. Wie aber ist die Persönlichkeitsstruktur aus unterschiedlichen Strebungen und über die Zeit häufiger auftretender Charakteristika, wie der bewusste und der unbewusste Anteil? Gerade der unbewusste Teil bestimmt, wie sehr jemand etwas an sich heranlassen kann oder durch unbewusste Abwehrmuster getrübt ist. Wohl gemerkt, dieses Unbewusste ist in vielen Fällen ein Teil, der dem Subjekt insofern nicht klar ist, weil er als selbstverständlich angesehen wird. Aus den Stufen des

Unbewussten (Mohr, 2008) vom Alltagsunbewussten über das personale, kollektive bis zum transpersonalen Unbewussten sind hier mindestens die ersten drei im Spiel. Seine subjektive Begründung hat das Alltagsunbewusste oft in einer Eigenbeschreibung („ich bin/wir sind so und so und habe(n) bestimmte Eigenschaften und Werte"), die als Selbstidentifikation sehr erlebens- und verhaltensrelevant wird. Falls die Persönlichkeitsstruktur in ihren Vorstellungen sehr rigide ist, oder auch sehr stark Abwehrmechanismen (Verdrängung, Abspaltung, Projektion, ...) gebraucht werden, um einen vermeintlichen Selbstverlust zu verhindern, wird nichts an einen Menschen heran kommen. Nicht-Offenheit kann aber auch durch Vorstellungen über gesellschaftliche Erwartungen („das tut man nicht") entstehen, indem dadurch Impulse von außen abgewehrt werden. In transaktionsanalytischen Ichzuständen ausgedrückt verhindert eine sehr starke Fixierung in einen rigiden Kindheits-Ichzustand genauso wie in Eltern-Ich-Ichzuständen das Öffnen, die Entwicklung, mithin Erwachsenen-Ich oder wie es inhaltlich treffender genannt: die Neo-Psyche.

Über das Du zum Ich werden, setzt ein Aufgeben oder zumindest Infragestellen der bisherigen eigenen Ego-Strukturen voraus. Praktisch bedeutet das deutlich und in erster Linie Bewusstheit und Distanz zu den eigenen Strukturen. Dies ermöglicht die Öffnung, was für viele Menschen eine große Herausforderung ist. Denn viele Menschen bekommen Sicherheit durch eine Selbstdefinition, die das Hinterfragen beispielsweise eigener Werte nicht enthält. Dies ändert alles nichts an Bubers grundsätzlich guter Programmatik, aber psychologische Aspekte setzen einer einfachen praktischen Umsetzung hier starke Grenzen. Wege der Bereinigung persönlicher Muster wie in Coaching, Therapie und Meditation sind hier erforderlich, um begegnungsfähig zu werden.

Würdigung 3: Nichts jedes „Du" ist gut fürs Ich
Ein mit der Persönlichkeitsstruktur zusammenhängender Aspekt ist deren Zustandegekommen. Die ersten Introjekte, die übernommenen Teile von anderen, meist den Eltern, sind oft in der Not genommen worden und erweisen sich später in den Beziehungen zu Menschen nicht so tragfähig. Ungeeignete Übertragungsphänomene und Projektionen kennzeichnen dann das Beziehungsverhalten. Das heißt, nicht an jedem Du wird man zum Ich. Es braucht solche Du's, die uns Beziehung bieten, in und an denen wir wachsen können. Bei gravierenderen oder traumatischen frühen Beziehungserfahrungen ist das oft dann die therapeutische

Beziehung, aber auch in Unterstützungskontexten mit geringerer Beziehungsintensität als der Therapie, etwa im Coaching ist hier Nachentwicklung möglich. Es ist, wenn man ein Bild aus dem Bauen benutzt, wie eine Art Nachfundamentieren.

Festzuhalten bleibt zu Buber, dass seine Fokussierung auf die Beziehung für die Entwicklung des Menschen und sein Leben eine ganz wichtige Orientierung ist. Dies trifft gerade in einer Zeit zu, in der Individualisierung offiziell groß geschrieben wird. Damit wird dann aber meist nicht Individuation im Sinne der Wesensentwicklung des einzelnen Menschen, sondern seine Einordnung in die Verwertungszusammenhänge als individueller Konsument, vereinzelter Träger von Arbeitskraft auf den Arbeitsmarkt oder auch Glück-Events-Anhäufer im Freizeitmarkt gemeint. Bubers Perspektive ist hier eine ganz andere und wird dem Menschen mehr gerecht. Allerdings bedeutet es auch ein Einlassen auf den anderen Menschen. Empathie ist eine zentral aus diesem Menschenbild folgende Notwendigkeit, ebenso wie die Toleranz für erst einmal Fremdes. Die Loslösung vom eigenen Bezugsrahmen ist eine Aufgabe, die der Mensch bewältigen muss.

David Bohm über den Dialog

David Bohm nähert sich dem Thema mehr von der Seite des Zusammenhangs von Gesellschaft. Er versucht die in der Gesellschaft vorhandenen Denkstrukturen festzustellen. Eine der zentralen Thesen Bohms ist, dass viele Probleme dadurch entstehen, dass die Gesellschaft(en) insbesondere durch geteilte Denkmuster inkohärent ist.

„I'm saying that it is necessary to share meaning. A society is a link of relationship among people and institutions, so that we can live together. But it only works if we have a culture –which implies that we are sharing meaning, i.e., significance, purpose, and value. Otherwise it falls apart. Our society is incoherent, and doesn't do that very well; it hasn't for a long time." (Bohm, 2004, S. 19).

„Ich sage, dass es notwendig ist, einander Bedeutungen mitzuteilen. Eine Gesellschaft ist eine Verbindung von Beziehungen zwischen Leuten und Institutionen, sodass wir zusammenleben können. Aber es funktioniert nur, wenn wir eine Kultur haben – die impliziert, dass wir Bedeutung, Signifikanz, Zweck und Werte teilen. Andernfalls fällt sie auseinander. Unsere Gesellschaft ist nicht kohärent, sie löst das nicht gut und hat es seit langer Zeit nicht getan" (Übersetzung G.M).

Diese Diagnose der Gesellschaft in Form der Inkohärenz ist eine fundamentale Annahme. Wichtig erscheint für Bohm deshalb die freie und offene Haltung im Dialog: *„In a dialogue group we are not going to decide what to do about anything... Otherwise we are not free"* (S. 17). „In der Dialoggruppe entscheiden wir nicht, über irgendetwas, was zu tun ist, ... sonst sind wir nicht frei". Diese Haltung zur Ebnung von Möglichkeiten der Äußerung oder zum sich Einbringendürfen ist sehr grundlegend und emanzipatorisch. Bohm versucht, auf Gruppenebene einen Gegenentwurf zu dem zu liefern, was er in der Gesellschaft insgesamt feststellt. Das Freimachen vom Handlungsdruck ist ein interessanter Gedanke. Gerade in vielen wirtschaftlichen, politischen oder sozialen Kontexten gibt es Handlungsdruck. Kontexte, in denen ein Verwertungszwang dessen, was gerade dialogisch ergründet wird, vorliegt, sind natürlich von diesem Grundgedanken bestimmt. Es bleibt daher zu prüfen, in welchen Situationen oder Phasen die Orientierung des Dialogs Sinn macht.

One to one

Interessant ist Bohms Vorschlag, wie gesprochen werden sollte: *„In the dialogue group people should talk to one another, one to one, across the circle"* (S. 16).

„In der Dialoggruppe sollten die Menschen einer zum anderen sprechen. Dadurch entwickelt sich erst die Fähigkeit, in der Gruppe insgesamt zu sprechen und Themen einzubringen."

Bei Bohm geht es zentral um das Bewusstwerden und Loslassen einschränkender Annahmen, aber nicht um des Einzelnen Willens, sondern für das Kollektiv, die Gruppe oder die Gesellschaft. Genauso lassen sich auch seine Dialoge mit dem aus Indien stammenden und in England ausgebildeten Weisheitslehrer Jiddu Krishnamurti betrachten. Diese sind heute auf YouTube nachzuhören; ebenso wie seine Vorträge. Krishnamurti fordert seine Zuhörer auf, gesellschaftliche Fehlentwicklungen zu betrachten und nach Lösungen zu suchen. Interessant ist, dass er das Denken als Problem in der Gesellschaft entlarvt. Mit Denken meint er allerdings vorhandene rigide Denkmuster von Menschen, die Offenheit verhindern.

Hier hilft vielleicht eine Unterscheidung in automatische Denkschablonen, die so unterschiedliche Aspekte wie Voreigenommenheit, aber auch Grübeleien und

Kreisdenken enthalten, und kreativem Denken auf der anderen Seite. Unter kreativem Denken würde man sowohl gesteuertes sachliches Problemanalysieren bis hin zu echter Intuition und auf ein Thema fokussierter Meditation fassen.

Fragmentation

Eine Schwierigkeit sieht Bohm in der Fragmentierung des Denkens, welches das Denken oder der Denkende in Persona selbst nicht bemerkt. *„Fragmentation is one of the difficulties of thought, but there is a deeper root, which is that thought is very active, but the process of thought thinks it is doing nothing – that it is just telling you the way things are".*

„Fragmentierung ist eine der Schwierigkeiten des Denkens, aber es gibt eine tiefere Wurzel, die darin besteht, dass das Denken sehr aktiv ist, aber der Prozess des Denkens denkt, es tut nichts, sondern, dass es Dir nur erzählt, wie die Dinge sind".

Es gibt Gedanken, die eine größere Rolle spielen, z.B. der Impuls der Notwendigkeit, etwas müsse genau in einer bestimmten Form so sein. Man könnte diese Gedanken auch Glaubenssystem nennen. Sie werden subjektiv stärker mit der eigenen Person verbunden als andere. An diesen Gedanken darf nicht gerüttelt werden.

Vom Ablauf her, nimmt Bohm an, dass am Anfang der Kette hin zum Problem immer ein Gedanke steht. Diese Gedanken gilt es anzugehen, tatsächlich auch rauszunehmen. Damit steht er in Verbindung sowohl mit Meditationstechniken, die das Denken stoppen wollen, aber auch genauso mit der verhaltenstherapeutischen Technik des Gedankenstopps. Die Reihenfolge, die Bohm aufzeigt, ist: Erst ist der Gedanke da, dann das Gefühl, dann wieder ein Gedanke. Gedanken machen Gefühle. Dies kann man so sehen, es gibt aber auch andere Vorstellungen dazu, etwa dass ein Teil der Gefühle letztlich mit tieferen Erfahrungen im Selbst des Menschen zusammenhängen, die schon vor Denkprozessen existieren. Es gilt also zu differenzieren, mit welchen Denk-Gefühls-Zusammenhängen man es zu tun hat.

Ein weiterer Aspekt, den Bohm weniger betrachtet, ist der Grad der Bewusstheit bzw. Unbewusstheit eines Gedankens oder einer Haltung. Aus der Vertrautheit vieler innerer Annahmen heraus ist man sich dessen oft gar nicht bewusst.

Dialog, Hierarchie und Vorannahmen

Bohm räumt ein, dass da, wo das Prinzip der Autorität und Hierarchie herrscht, der Dialog nicht möglich ist (S. 42). Er scheint aber hier kompromissfähig zu sein und spricht von begrenztem Dialog („limited dialogue). Dieser findet etwa bei vorgegebenen Zielen statt. Der Dialog strebt die Kohärenz an und in „beyond dialogue" (über den Dialog hinaus) sieht er die Vision eines Beteiligen am großen Ganzen. Bohm glaubt an so etwas wie einen kollektiven Gedanken. Damit ist er durchaus in einer Linie mit heutigen Denkern wie Yuval Harari, der die von der Gesellschaft oder sogar großen Teilen der Menschheit getragenen Erzählungen zum entscheidenden Faktor der Entwicklung der Menschheit erklärt (Harari, 2014; 2016).

Bohm sieht entgegen bisheriger, landläufiger Annahmen das Problem nicht in der Ignoranz oder im Mangel an Wissen. Im Gegenteil, er sieht das Wissen oft als Problem. Er stellt dabei die Individualität des Denkens in Frage, er sieht das Denken als allgemein und in der Kultur verwurzelt an.

Nach Bohm ist der Dialog geprägt von einer Intensivierung von Gesprächen. Durch diese Vertiefung können die Gefühle, Wertungen und Vorannahmen ins Bewusstsein gelangen, die das Denken und Handeln des einzelnen Teilnehmenden lenken. Somit können durch den Dialog die Erfahrungs- und Lebensgeschichten der Teilnehmenden erkundet werden. Daraus entsteht zugleich ein tieferes Verstehen der Dialogpartner untereinander, des besprochenen Sachzusammenhangs und der eigenen inneren Prozesse. Auf diesem Weg eröffnet sich die Möglichkeit, Standpunkte und Haltungen zu verändern.

An dieser Stelle entsteht natürlich unweigerlich die Frage, wie Leute aus einer Kultur in einem Dialog die Annahmen hinter ihren Aussagen herausfinden wollen. Dafür braucht man eher einen außenstehenden Beobachter. Getreu dem alten Spruch, man kann mit dem Fisch nicht über das Wasser sprechen, wäre dies sonst schwierig.

Beispiel 1: Lange Zeit galt der Krieg als eine Fortsetzung der Politik mit anderen Mitteln. Viele Menschen haben diese Vorstellung geteilt. Diese Sicht bröckelt heute zunehmend.

Beispiel 2: Gerade in der interkulturellen Begegnung werden die unbewussten Annahmen, die wir im Leben tragen, deutlich. „Germans are open, direct and rough" war die Reaktion, die ich bei meinen ersten Arbeitskontakten im Ausland hörte. Ich verhielt mich so, weil es meiner inneren Vorannahme von Verhalten entsprach und ich erfüllte damit auch die Erwartungen anderer.

Suspension – das in der Schwebe halten

Suspension, das in der Schwebe halten, ist ein wichtiges Prinzip des Dialogs bei David Bohm. Dies ist eine echte

Herausforderung. In vielen gesellschaftlichen Kontexten ist es üblich, dass Entwicklungen und Entscheidungen angestrebt werden. Oft sind sie nötig. Es kommt aber auch vor, dass man manche Probleme schnell vom Tisch haben will, weil sich dahinter tiefere Unterschiede verbergen. Dies ist bisher in Wirtschaft und Gesellschaft so. Alles in der Schwebe halten, heißt aber auch, es in der Betrachtung halten, aber sich vom Druck des Entscheiden-Müssens freihalten.

Eine interessante Frage für den Dialog ist auch: Was passiert in dem Augenblick, wenn – wie im Idealfall des Dialoges – keine gemeinsamen Ziele außerhalb der freien Meinungsäußerung angestrebt werden? Was in jedem Falle stattfindet, ist, dass jeder für sich seine eigenen Konsequenzen daraus zieht. Dies hängt aber auch vom Persönlichkeitstyp und seiner aktuellen Gestimmtheit ab. Erkenntnisorientierte, offene Menschen, die durch Denken angenehme Erlebnisse erfahren, sind hier in ihrem Element. Für sehr handlungsorientierte Menschen sind Dialoge am Anfang eine Geduldsprobe. Menschen, die sehr rigide innere Denkmuster und auch emotionale Verstrickungen darin haben, brauchen eher einen längeren Prozess.

Auch der systemische Aspekt ist zu beachten. Gerade sehr festgefahrene Konflikte in Systemen haben oft ihre

Ursache in persönlichen Strukturen einzelner für das System wichtiger Personen. Sie haben aber einen Einfluss und eine Anpassung in den Systemdynamiken (Mohr 2006, 2010) gefunden. Beispielsweise kann ein cholerischer Chef in seinem Team eine von vielen getragene Kommunikationsdynamik mit Gereiztheit, Ängsten und Missverständnissen verursachen. Dann tragen alle Mitglieder eines Systems diese Grundstimmung.

Probleme und Paradoxa

Probleme sind für Bohm Situationen, in denen etwas zu tun ist. Dagegen kennzeichnet das Paradoxon, das psychologisch etwas falsch läuft. Darunter fasst Bohm Situationen, in denen jemand etwas für richtig hält, aber etwas anderes tut oder innerlich in Widerspruch gerät. Diese inneren Konstellationen wurden von Freud im Gegensatz von „Über-Ich2 und „Es" beschreiben, in der Transaktionsanalyse als Unterschied zwischen Ich-Zuständen, etwa „Eltern-Ich" und „Kind-Ich". Besonders problematisch ist, wenn es gegensätzliche Strebungen innerhalb eines Ich-Zustandes gibt, wenn beispielsweise eine überlebensnotwendige frühe Entscheidung mit einer auch in einem inneren Bedürfnis begründeten

Strebung in Widerspruch steht. Dilemma sind ebensolche Situationen.

Würdigung 1: Gedanken

Einige Punkte sind zu beachten: Das Verhältnis von Gedanken zu Gefühlen ist so ein interessanter Punkt. Bohm sieht an der Basis von Diskussionen die Gedanken. Entwicklungs-psychologisch entstehen die Gefühle vermutlich vor den Gedanken. Ich habe die Abfolge der sich im Menschen entfaltenden Aufmerksamkeitssysteme einmal dargestellt: Körper, Gefühle, Denken, Ich-Konstrukt, transgenerationale Ebene, nonduale Ebene (Mohr, 2014). Darin wird der Unterschied der Ebenen und gleichzeitig auch das Eingebettetsein der verschiedenen Aufmerksamkeiten deutlich.

Interessant ist im Zusammenhang mit den das Denken beeinflussenden Vorannahmen die Theorie der Ersatz- oder Sekundärgefühle, nach der auch Gefühle gelernt sind. Die Grundidee kam von der amerikanischen Transaktionsanalytikerin Fanita English. Sie stellte fest, dass Gefühle genauso wie Gedanken und Verhalten Resultat von Lernprozessen sind und dass diese zu psychischen Überlebensentscheidungen gehören. Dies führt dazu, dass Gefühle keineswegs immer authentisch, adäquat oder in ihrer eigentlichen Weise beziehungs-stiftend oder lösungsorientiert sind. Allein schon die Familie oder das Milieu, wo jemand aufwächst, legen bestimmte Gefühle nahe. Die Müllers sind so, da geht es oft hoch her. Die Meiers sind eher ruhig, da hörst du kein lautes Wort. Auch Ereignisse in eigenen individuellen Biographieerfahrungen lassen Gefühlsreaktionen formen und lernen. So sind in der gleichen Situation, etwa dem Verlust eines Menschen, unterschiedliche Gefühle wie Ärger, Trauer oder sogar Angst als typische individuelle Reaktionen feststellbar. Marshall Rosenberg, der die so genannte „Gewaltfreie Kommunikation" ins Leben gerufen hat, betonte, dass es um die Wertschätzung der Primärgefühle geht. Denn durch einen Gedankenprozess entstehen oft Sekundärgefühle, wenn man die Primär-gefühle nicht aushalten kann. So wird, wenn man in einer nicht erwünschten Weise behandelt wird, aus einer Verletztheit durch den Denkprozess („das ist ungerecht da muss ich mich wehren") ein Sekundärgefühl, nämlich Ärger. Dies geht bis in „gesellschaftliche" Gefühls-reaktionen hinein, etwa, dass aus der Angst vor dem unbekannten Fremden Ärger und Hass werden. Genauso werden aus Ärger und Wut über Unterdrückung oft Angst und Trauer. Gefühle bestimmen aber die Lösungsrichtung und bekommen dann steuernde

Funktion. Geht man zurück zu Bohms Konzept, so bleibt es nicht beim Analysieren und Feststellen der Annahmen in gesellschaftlichen Diskursen. Das sich Zusammensetzen reicht nicht. Es geht schon darum, Konsequenzen aus dem Wissen um die Vorannahmen zu ziehen. Gandhi hat einmal gesagt: „Es gibt eine einfache Lösung: Mach einfach nicht mehr mit."

Würdigung 2: Die Form der Beziehung

Ein zweiter Punkt ist die Form der Beziehung. Bei Bohm ist alles auf die hierarchie- und rollenfreie Beziehung zwischen den puren Personen abgestellt. Das bildet die Dreiecksbeziehung, die in Unternehmen und anderen Organisationen nicht ganz ab. Dort ist ein weiterer Player am Tisch. Der Psychotherapeut Gunther Schmidt drückt es so: „Die Mütter und Väter der Organisation sind ihre Ziele" (Schmidt, 2013, Vortrag). Anders ausgedrückt hat es der Soziologe Niklas Luhmann, der die Organisation als Kommunikation definiert, allerdings als Kommunikation von Rollen. Aber lässt sich der Dialog vielleicht auf die Rollenkommunikation erweitern? Dies ist sicher erst einmal mit „ja" zu beantworten. Es ist genau der Schritt, der beispielsweise im Ansatz der Holacracy von Brian J. Robertson versucht wird. Gerade hinter den Rollen stehen bestimmte Annahmen.

Bohm liegt mit dem „one to one"-Fokus nicht schlecht. Dieser ist aber zu Beginn innerhalb einer Gruppe meist nicht vorhanden, wie Berne's Gruppentheorie zeigt. Dort beginnt die Konstellation mit dem Gegenüberstehen des Einzelnen gegenüber der Gesamtgruppe und führt dann im positiven Falle über innere Prozess, der auch eine gewisse Zeit braucht, hin zu differenzierten Einzelbeziehungen. Allerdings kann jemand auch in einer Phase länger „steckenbleiben". Berne zeichnet in vier Phasen auf, wie sich das innere Gruppenimago eines Menschen zunehmend differenziert. Hier kommt die Zielsetzung der persönlichen Einzelentwicklung allerdings stärker zum Ausdruck. Der einzelne nimmt die Gruppe zunächst als großes gesamtes Gegenüber, eher undifferenziert, bisweilen bedrohlich, wahr. Durch die Individualisierung der Beziehungen entsteht Sicherheit. Bei Berne geht es aber auch nicht primär um das Funktionieren der Gruppe als System, wie es auch der etwa zeitgleich mit Berne arbeitende Autor Bruce Tuckman mit seinen Phasen der Teamentwicklung – oft auch als „Teamuhr" bezeichnet – im Auge hatte, sondern um den Einzelnen und dessen Entwicklung hin zur Autonomie, also heraus aus der Abhängigkeit von inneren Mustern. Bohms

Modell grenzt sich auch deutlich vom therapeutischen Nutzen von Gruppen ab, wie ihn etwa Berne in seiner Idee, dass Gruppen – er nennt als Beispiel eine Pfadfindergruppe – grundsätzlich einen positiven heilenden Effekt haben.

An einigen Stellen ist Bohm über die Gesellschaft sehr pessimistisch. Die Gesellschaft sei ineffizient. Alles falle auseinander (S. 45). Ich hätte ihn an diesem Punkt gerne mal mit den Vertretern der positiven Psychologie in Dialog gesehen.

Jiddu Krishnamurti

Wenn man sich mit dem Dialog beschäftigt, ist, wie schon erwähnt, der Beitrag von Jiddu Krishnamurti unbedingt zu betrachten. Denn Bohms Gedanken sind sehr stark durch Krishnamurti beeinflusst. Krishnamurti spricht im Wesentlichen alleine, allenfalls beantwortet er kurze Fragen der Zuhörer; dies aber sehr ausführlich. Sein Duktus ist der eines Wissenden. Und trotz seiner insgesamt sehr bescheidenen Erscheinung wirken seine Statements manchmal etwas abgehoben.

Buber hatte die Ich-Du-Begegnung stark in den Vordergrund gestellt. Das ist in den Gesprächen zwischen Bohm und Krishnamurti oft nicht zu spüren. Sie sind in der Subjekt-Subjekt-Objekt-Beziehung sehr weit voneinander entfernt und sehr nahe an einem abstrakten Objekt. Es ist eher, als ob sie gemeinsam ein Objekt ziselieren.

Das konditionierte Streben der Menschen, Meditation und Dialog

Die Grundlagen von Krishnamurti bestimmen sehr stark das, was David Bohm in seiner Theorie des Dialoges aufgenommen hat. Der Dalai Lama hat Krishnamurti anlässlich seines 100. Geburtstages einen der bedeutendsten Denker unserer Epoche genannt. Krishnamurti thematisiert in seinem programmatischen Buch „Die Wahrheit ist ein pfadloses Land" das „Werdenwollen", das hinter alledem als Triebfeder steckt, als einen wichtigen Aspekt. Dies müsse ganz und gar aufhören (ebenda, S. 54). Das Streben der Menschen nach einer bestimmten gesellschaftlichen Position sei für viel Unheil verantwortlich, sagt er (ebenda, S. 65). Krishnamurti hält das Denken und zwar das automatisierte Denken für das Elend in der Welt, die Aggression, das Leiden verantwortlich.

„Selbst in sogenannten geistigen Bewegungen behält die gesellschaftliche Stufenleiter ihre Bedeutung. Mit welchem Eifer wird eine Persönlichkeit von Rang und Namen auch dort begrüßt und zu den Ehrenplätzen geleitet.

Wie geschäftig drängt sich das Gefolge um den großen Mann."

„Was uns veranlasst, einen politischen oder geistigen Führer zu erwählen, ist unsere eigene Geistesverwirrung, und darum ist diese Wirrnis bei den Erwählten nicht geringer als bei uns selbst. Wir möchten geschmeichelt und getröstet sein." Oder auch: „Ein ehrgeiziger Mensch kann niemals Frieden kennen lernen" (S.134).

Krishnamurti ist sicher der den Konzepten der buddhistischen Philosophie am nächsten kommende Weisheitslehrer mit hinduistischen Wurzeln. Einmal ist das Streben des Menschen auch schon in den Grundwahrheiten des Buddhismus als eine Ursache des Leidens erkannt. Und genauso wie etwa der Zen-Buddhismus betont Krishnamurti das Schweigen und die Stille. „In der Stille hört und sieht man mehr, deshalb ist es so wichtig für Sie, Stille kennen zu lernen." (S.122). Krishnamurti offenbart dann eine systemische Grunderkenntnis: „Wo Aufmerksamkeit herrscht, da ist Wirklichkeit" (S.137). Er thematisiert in „Die Zukunft ist jetzt – Letzte Gespräche" den Bezug auf die Gegenwart „Sie sind das, was Sie jetzt sind." „Ob es etwas Bleibendes gibt, das nicht an Zeit, Evolution und all das gebunden ist? Es muss etwas sehr Heiliges sein. Und wenn es existiert, dann muss man ihm sein Leben widmen, es beschützen" (S. 32). Krishnamurtis Vorstellung der Entwicklungslosigkeit ist interessant. „Das Jetzt enthält alle Zeit." „Also gibt es keine Veränderung." (S. 35) „Wir bleiben nie da. Wir bewegen uns, bewegen uns immer. Nicht wahr? Ich bin dies, ich will jenes sein – das ist ein Sichwegbewegen von dem, was ist."

Unmittelbare Umkehr

Die Möglichkeit und Notwendigkeit der unmittelbaren Umkehr ist die Ansage von Krishnamurtis: „Was ich jetzt tue, werde ich morgen tun". Es gilt, sich sofort zu ändern. Es gibt kein anderes Dasein außer diesem – kein spirituelles Dasein, Gott-Dasein. Alles ist jetzt. „Ob Gott existiert, interessiert mich nicht". Dies ist eine interessante Position, die Krishnamurtis deutliche Absage an das Glauben von irgendetwas beinhaltet. An einen Gott kann man nichts abschieben. Meditation ist für Krishnamurti eine Reise. „Sie müssen die Reise alleine unternehmen, und auf dieser Reise müssen Sie ihr eigener Lehrer und Schüler sein" (Krishnamurti, Revolution durch Meditation, S. 40). Hier stellt er sein eigenes Verständnis von meditativem Entwicklungsweg auf.

Auf die Frage „Ist Isolierung von der Welt notwendig?" (S. 48-50) antwortet Krishnamurti, dass in seinen Augen Isolierung die übliche Lebensform sei, es sei der Lauf der Welt. Interessant findet er, dass die Menschen die normalen Vergnügungen trotz aller Beschäftigung damit letztlich, vielleicht sogar mit Recht als sehr nichtig betrachten. Krishnamurti zeigt auch im Meditationsbuch eine sehr antihierarchische Haltung. Die hierarchische Einteilung, die Teil der sozialen Struktur ist, sei es auf der religiösen Ebene oder in der Armee oder in der Geschäftswelt, ist in hohem Maße weltlich. Das Gewohnheitsdenken der Menschen zeigt sich in ihrer Sprache. „Wir haben Begriffe, Formulierungen, Glaubenssätze oder Erfahrungen, die uns binden, und von dorther versuchen wir zu prüfen, um uns zu schauen, und das verhindert natürlich ein tiefes Erforschen" (S. 55).

Dieses Erforschen ist für Krishnamurti eng mit Meditation verbunden. Sie ist für ihn das Spüren und völlige Erfassen der Gesamtheit des Lebens, ohne auszuwählen (Krishnamurti, „Das Licht in uns" 2015). Nur das führt ohne Bemühen und innere Konflikte zu Freiheit und einer Stille des Geistes, in der sich das zeigt, was wahr ist. Totale Aufmerksamkeit ist auf die Phänomene zu lenken, ohne Grenzen im Denken zu realisieren, ohne bisheriges Wissen dazu anzuwenden. Offenheit und Neugier auf das, was erscheint, ist notwendig. Durch das „Nach-innen-Schauen" finden wir die Wurzeln der individuellen Konflikte, aber auch der

Konflikte der Gesellschaft. Der Mensch muss sich in Freiheit begeben. Er nennt es „sich selbst ein Licht sein" (Krishnamurti, 2015). Dies bedeutet, „Sich-freimachen" von vorher Gedachtem, von Autoritäten, vom Haltsuchen, vom Verlangen nach Erfahrungen. Es gilt, alle Vorstellungen, Konzepte und Theorien beiseitezulassen. Es gilt, das Voreingenommene, „Zu-Wissen-glaubende-Denken" zum Stillstand zu bringen. Es geht darum, dieses Denken anzuhalten. Aber es funktioniert nicht über Kontrolle. Denn Kontrollieren ist wieder Denken. Das traditionelle Denken sieht er mit Zeit verbunden. Diese Zeit ist eine Bewegung. Die gilt es erst einmal anzuhalten. Zeit hat wiederum mit Messen zu tun. Wir messen physische und psychische Aspekte. Es bedeutet aber, aus dem Messen, dem Vergleichen herauszukommen. Vergleichen heißt in der Regel, uns vergleichen mit anderen. Wenn man dies abwirft, ist man freier, allerdings zu dem Preis, weniger mit anderen in Verbindung zu sein.

Also es gilt, einem Phänomen, das man erlebt, die ganze Aufmerksamkeit zuzuwenden ohne zu vergleichen. Dies bedeutet, es nicht mit vorhandenem Wissen zu vergleichen, nicht mit den eigenen Neigungen, mit den eigenen Vorannahmen. Wenn man völlig aufmerksam ist, gibt es auch kein Zentrum dieser Aufmerksamkeit mehr, man

„ist" Aufmerksamkeit. „Es gibt kein Ich , kein Du, keine Dualität, weder den Beobachter, noch das Beobachtete" (Krihnamurti, 2015).

Würdigung

Die Aussagen von Krishnamurti und auch die Formulierungen von Bohm erinnern an den biblischen Diskurs, den Jesus mit seinen Jüngern hatte. Diese fragen ihn „Wann kommt das Himmelreich?", worauf Jesus etwas in der Art gesagt haben soll: „Es ist schon da, das Himmelreich, aber ihr merkt es nicht". Dies legt sehr nahe, dass es vor allem eine Frage der Perspektive ist, um die es hier geht.

Ich erinnere mich an eine bestimmte Zeit in meinem Leben, in der ich immer, wenn ich einen spirituellen Meister traf, zwei Fragen gestellt habe:

- Gibt es Entwicklung?
- Was ist der Sinn des Denkens?

Die Meister antworteten sehr unterschiedlich. In einem zyklischen Weltbild, in dem sich alles wiederholt, ist Entwicklung schwierig. Im Westen ist das aktive Entwickeln („Macht Euch die Erde untertan") verbreiteter. Die kontemplative Seite kommt eher aus dem Osten und wurde lange im Westen für träges und untätiges Verhalten gehalten. Heute wird sie aus dem Osten importiert. Das Tätige, Verändernde, Eingreifende passt eher zum Westen. Im Osten, etwa im Buddhismus, muss das aktive Mitgefühl systematisch gefördert werden.

Im Dialog wird erst einmal entschleunigt. Es muss nicht sofort eine Aktion folgen. Denn dies ist oft der Widerstand, nicht wirklich tiefer in eine Situation oder ein Phänomen hineinschauen zu wollen. Heute sind jedoch die Ressourcen vorhanden, dass wir uns Zeit lassen können, Themen ausreichend zu betrachten.

Die praktische Seite des Dialogs

Im Folgenden wird jetzt eine „Dialogrunde" beschrieben. Von der praktischen Seite des Dialoges sind einige Themen zu beachten. Zunächst ist meist der Raum ansprechend gestaltet. Eine „gestaltete Mitte" und ein „Sprechsymbol" sind hilfreich – klassisch ist das ein Stein, je nach Klient kann es auch ein Schraubenschlüssel oder ein überdimensionaler Schreibstift sein. Genauso sind einige Prinzipien und Regeln nützlich. Im strengen Sinne ist Dialog ein Zwiegespräch und kein Gruppengespräch. Aber erfahrungsgemäß findet nach einer ersten Phase des Beschnupperns, in der die Gruppenteilnehmer eher eigenbezogene Statements abgeben, sehr bald ein Aufeinanderbeziehen statt. Hierzu einige Prinzipien und nützliche Haltungen (Hartkemeyer/Dorithy, 2001; Höher, 2017a).

Dialogische Prinzipien (Höher, 2017a):

- Die Freiheit vom Zwang, ein Ergebnis zu erzielen; wenn das erforderlich ist, erfolgt es danach anders und in anderem Setting, z.B. mit Moderationstechniken.

- In-der-Schwebe-Halten von Meinungen und Urteilen.

- Entschleunigung: Damit das Denken sich selbst beobachten kann, muss es verlangsamt werden.

- Schweigen ist erwünscht.

- Erkunden und Prüfen unterschwelliger Annahmen: interessiertes Fragen und Hinterfragen, Selbstreflexion und Wertschätzung aller Beiträge ermöglichen, dass ein tiefer liegender Sinn zu Tage kommen kann.

- Zusage von Vertraulichkeit erforderlich, damit sich alle Teilnehmenden wirklich öffnen können.

- Achtsame Rede und Aufmerksamkeit für alle im Dialog erscheinenden Dimensionen.

- Vertrauen auf die Kreismitte, das kollektive Potenzial.

- Verantwortung für sich und das Ganze.

Zehn Kernfähigkeiten (Höher, 2017a)

1. Eine lernende Haltung verkörpern: offen und neugierig sein.

2. Radikaler Respekt: Respekt gegenüber den Meinungen, Geschichten, Perspektiven der anderen, aber auch sich selbst, den Empfindungen, Gefühlen, Möglichkeiten und Grenzen gegenüber, denn alles hat eine wertvolle Funktion.

3. Offenheit: eigene lange gehegte, vertraute Annahmen und Konzepte infrage stellen zu können und die Bereitschaft, das, was andere sagen, mit vorbehaltloser Offenheit aufzunehmen.

4. Sprich von Herzen: sich kurz fassen und nur das sagen, was tatsächlich am Herzen liegt: authentisch und wahrhaftig sprechen statt zu brillieren, zu theoretisieren, recht zu haben, einen Vortrag zu halten usw.

5. Zuhören: dem anderen so vorbehaltlos zu lauschen, wie nur möglich. Mit empathischer Zugewandtheit, ohne schon (besser) zu wissen und vorschnell zu urteilen.

6. Verlangsamung: Schweigen zulassen.

7. Annahmen und Bewertungen suspendieren: Die spontanen Reaktionen, Körperempfindungen, Gefühle, eigene Meinungen und Urteile in der Schwebe halten, beobachten und aushalten, den „Autopiloten" ausschalten, Differenzen ertragen, keine Antworten zu haben.

8. Produktives Plädieren statt überzeugen zu wollen: Mitteilen, was zu einer Meinung und Position geführt hat, und andere

einladen, sich diese Sichtweise vertraut zu machen; wissen, dass die eigene Sicht der Dinge nur eine mögliche ist und dass es viele andere gleichwertige Perspektiven gibt.

9. Eine erkundende Haltung üben: sich die Position des Nicht-Wissens zu eigen machen. Daraus resultieren echtes Interesse an den anderen in Neugier, Achtsamkeit und Bescheidenheit, ebenso interessierte Fragen.

10. Den Beobachter beobachten (Selbstreflexion): sich selbst wahrnehmen, die Geschichte, die Gegenwart, das Gegenwärtige, die Intention usw. einschließen.

(Quelle: Höher, F. (2017a): Transformation Circle, in : Schmid.B./König, O. (Hg.): Train the Coach, Bonn: Manager Seminare Verlag, S. 244 und 250. ... beruhend auf Hartkemeyer, M. & J. F. / Dhority, F. (2001): Miteinander denken. Das Geheimnis des Dialogs. Klett Cotta: Stuttgart.)

Es haben sich außerdem einige praktische Elemente für den Dialog herausgebildet. Hier eine Form, die sich bewährt hat. Als Hilfsmittel werden eine Klangschale und ein Redestein eingesetzt:

1. Zu Beginn wird die Klangschale geschlagen.

2. Es folgt eine Check In-Runde, bei der jeder kurz etwas sagt und den Redestein an die Nachbarin oder den Nachbarn weitergibt.

3. Wenn alle dran waren, wird der Redestein in die Mitte gelegt und der eigentliche Dialog beginnt. Ab jetzt wird der Redestein immer von der Mitte aufgenommen und auch wieder dorthin zurückgelegt.

4. Der Dialog endet mit einer Check Out-Runde: Jeder trägt wieder kurz etwas bei. Das kann ein kurzes Resümee dessen sein, was sie oder ihn gerade beschäftigt, was ihr oder ihm auffiel, was er oder sie fühlt oder noch zum Thema sagen möchte.

5. Danach wird die Klangschale geschlagen und der Dialog ist zu Ende.

6. Bei neuen Dialoggruppen empfiehlt sich anschließend noch eine kurze freie Gesprächsrunde über den Dialogprozess selbst.

Erfahrungen mit dem Rahmen

Einige der Regeln hören sich sehr anspruchsvoll und auch eher fromm an. Teilnehmer fragen dennoch hier oft danach, ob das überhaupt erreichbar ist. Insbesondere der radikale Respekt allem gegenüber ist für Menschen mit deutlicher Tendenz zu eigener Meinungsäußerung schwierig zu nehmen. Ebenso wird die Freiheit, ein bestimmtes festes Ergebnis nicht erreichen zu müssen, von vielen überhaupt nicht als solche empfunden. Fragen wie „Was ist denn die genaue Fragestellung?" „Wo wollen wir denn genau hin?" werden dann gerne gestellt. Interessant ist auch, dass die Disziplinierung, die mit dem Sprechobjekt stattfindet, dabei in den Beiträgen sehr gut der Unterschied funktionaler Ich-Zustände zu bemerken ist, etwa wenn jemand eine Frage stellt, ob er im Erwachsenen-Ich oder im kritischen Eltern-Ich oder im rebellischen Kind „ist" (Mohr, 2010). Der andere im Kreis hat dann die Möglichkeit, eine enthaltene „Spieleinladung" (Mohr, 2010) einfach zu überhören.

Mit diesen Regeln kann man Gruppen also ganz gut anleiten. Es macht Sinn, den Teilnehmern eine kurze Einführung zu geben, damit eine Orientierung da ist. Auch eine dialogische Gruppe hat jemanden, der den Prozess anleitet. Der kann durchaus mit der Ausgangsfrage, die er gibt, oder die Beiträge, die er zwischendurch einfügt, steuern. Erfahrungsgemäß braucht es nach einiger Zeit die Leitung nicht mehr. Damit stellen dialogische Regeln eine gute Alternative methodischer Art für Lernprozesse dar.

Einige beispielhafte Anwendungen

Dialogische Methoden sind günstig für verschiedenste Ziele. Ein zentrales sind Lernprozesse. Dies beinhaltet persönliche Erkenntnisprozesse wie auch Erkenntnisse zu einem Thema.

Deep Democracy

Ich werde nie das Beispiel vergessen, dass Max Zuppach von „Deep Democracy" erzählte. Der Schweizer Organisationsberater wurde gerufen, um die Situation an einem bestimmten Platz in Zürich zu entspannen und zu verbessern. Die Schwierigkeit war, dass an diesem Platz teure Juweliergeschäfte lagen mit entsprechender kaufkräftiger Klientel, auf der anderen Seite aber Punks diesen Platz als ihren täglichen und auch nächtlichen Aufenthaltsort gewählt hatten. Die Begegnungen zwischen diesen Gruppen gingen nicht immer gut. Er führte sie zusammen, ließ sie alle reden und erreichte in einem längeren Prozess eine Verständigung. Max Zuppachs Konzept geht aber außerdem davon aus, dass in Gruppen automatisch wie in einem archaischen Prozess bestimmte Rollen entstehen. Menschen bekommen diese dann unabhängig davon wie sie persönlich gestrickt sind. Also auch ein sehr harmoniebedürftiger Mensch kann plötzlich in der Rebellenrolle sein. Dies ähnelt etwas dem Konzept von Schindler mit Alpha- und Omega-Position. Dies geht deutlich über Bohms Vorstellung hinaus, weil es bestimmte Archetypen in Gruppen annimmt. Es gibt also nicht nur Voranahmen bezüglich der inhaltlichen Themen, die besprochen werden, sondern auch Dynamiken zwischen Gesprächsteilnehmern, die erst einmal unabhängig vom Inhalt sind. Diese Hypothese erweist sich manchmal als sehr fruchtbar, um Gruppensituationen zu erklären. Die klassischen Dialogkonzepte sind an dieser Stelle insofern optimistisch, als dass sie annehmen, sobald man sich im Dialog nach bestimmten Regeln zusammensetzt, sei das Wesentliche geschafft. Dies lässt natürlich Gruppendynamiken, wie Machtspiele, oder auch Persönlichkeitsdynamiken, wie narzisstische Muster Einzelner, außer Acht. Aber die können dialogische Settings sprengen.

Learning Conversations

Meine eigene Erfahrung mit Learning Conversations seien hier angefügt. In Heidelberg und Florenz konnte ich an Learning Conversations teilnehmen, die in einer internationalen Community zur Organisationsentwicklung organisiert waren. Die Vertreter der Learning Conversations („Learning Conversations": The Self-Organised Way to Personal and ..." von Sheila Harri-Augstein und Laurie Thomas) beziehen sich auf George Kelly, den „ersten Systemiker", der in seiner Theorie der persönlichen Konstrukte ein Persönlichkeitsidee entwickelt hat, nach der Menschen sich früh zu bestimmten Lebensthemen entscheiden. Lernen ist danach ungeheuer stark persönlich geprägt. Lernen ist...

- die konversationale Konstruktion von persönlicher signifikanter, relevanter und lebenstauglicher Bedeutung.
- Bedeutung enthält dabei zweckgerichtete Muster des Denkens und Fühlens, die die Basis unserer Antizipationen und Handlungen sind.

Lernen wird damit viel mehr zu einer persönlichen kreativen Leistung des Lernenden als zu einer zu liefernden Leistung. Das Lernen findet im Lernenden statt.

Sira Abenoza

Die Professorin der ESADE Business and Law School startet in ihrem Ted-Talk (https://www.youtube.com/watch?v=8t987Lxt1t4, zuletzt gesehen 29.7.2017) der Dialog mit Schweigen, quasi aus dem Schweigen heraus. Dies ist deshalb interessant, weil dann das Entstehen des Sprechens auf dem Hintergrund des Schweigens deutlich wird. Der Dialog ersetzt konkurrierendes Verhalten durch kooperatives und hilft den Menschen, ihre Ideen zu bringen. Wir verhelfen anderen dazu, ihre eigenen Ideen zu produzieren. Im Dialog verhilft man den Gruppenmitgliedern, ihre eigenen Ideen zu entwickeln. Sie erwähnt für sich einige Highlights:

- Dialogue starts out of silence
- Stop to compete but cooperate
- We help the others to make their own ideas
- We have to stopp judging others
- Genuine curiosity
- To be silent.... In a dialogue we have time
- Dialogue is about practice
- Evil always comes out of ignorance
- We are trained not to see the other

Sira Abenoza sagt, sie hat den Dialog im Gefängnis mit Gefangenen ausprobiert, die Niemandem trauten und berichtete positive Fortschritte. Sie fasst zusammen:

„Why engage in dialogue?.... It reduces evil". Das Böse lässt sich reduzieren. Hier fällt mir Hannah Arendt ein, die die Existenz und den Beginn des „Bösen" im Kleinen („Die Banalität des Bösen") beschrieb. Und kurz danach zitiert Abenoza selbst, um Werbung für das Unvoreingenommene, Neue, Schöpferische zu machen, Hanna Arendt „Every time a baby is born in the world, a hope for a new world is born" und ergänzt auch für Erwachsene den Wunsch, jeden Morgen in die Haltung des Neuen zu gehen.

Michael Strong

Er beschreibt in „What's disruptive is You?" die Notwendigkeit des sokratischen Beziehens auf den anderen, um echte Lernprozesse zu ermöglichen. Gleichzeitig beschreibt er, dass die Erwartungen der Lernenden an jemand, der lehrt, oft anders sind. Sie erwarten fertige Antworten, fertige Lösungen. Es ist etwa das, was Otto Scharmer in seiner Theorie U mit Downloaden bezeichnet. Ein interessantes Chart der Gehirnaktivität von Studenten zeigt, dass sie in den normalen Vortragsvorlesungen kaum Gehirnenergie aufwenden (müssen). (https:// www.youtube.com/watch?v=hCu5EgK5TdY, gesehen 31.7.2017).

William Issacs

Issacs beschreibt im von Peter Senge u.a. 1994 herausgegebenen „Fieldbook zur Fünften Disziplin" Teamlernen, das hier die Vorgehensweise des Dialogs inkludiert. Teamlernen stellt eine der fünf Disziplinen (Systemdenken, Personal Mastery, Mentale Modelle, Gemeinsame Visionen und eben Team-Lernen) dar. Wichtig ist, aus seiner Perspektive, einen so genannten „Container" zu bilden, ein Gefäß, in dem nach dialogischen Prinzipien gesprochen werden kann. Beim Wort Dialog („durch" das „Wort") wird die tiefere Assoziation von David Bohm „durchfließende Bedeutung" zitiert (Isaacs, 1994, S. 407). Dialog wird definiert als „die fortgesetzte Erforschung der Alltagserfahrungen und scheinbaren Selbstverständlichkeiten" (ebenda, S. 407).

„Das Ziel des Dialoges ist es, neue Gebiete zu erschließen, indem man den „Container" oder ein „Feld" für Untersuchungen einrichtet: Eine Umgebung, in der Menschen sich des Kontextes ihrer Erfahrungen bewusst werden können, ebenso wie der Denk- und Gefühlsprozesse, die diese Erfahrung herbeigeführt haben." (Ebenda, S. 407). Davon wird die „qualifizierte Diskussion" von Richard Ross als ebenfalls produktive Variante unterschieden, in der sowohl Techniken der Erkundung aber auch das Zusammenwirken der Teammitglieder untersucht werden.

„In der qualifizierten Diskussion trifft man eine Wahl; in einem Dialog erkundet man das Wesen der Wahl" (S. 408). Issacs beschreibt dann vier Phasen des Containers, die an andere Phasenmodelle (Tuckman, 1965; Berne, 1966) erinnern.

Phase 1: Instabilität des Containers – die Anfangsphase des höflichen Beschnupperns.

Phase 2: Instabilität im Container – die Phase der Offenbarung der Positionen.

Phase 3: Erkundung im Container – das Aufeinanderzubewegen.

Phase 4: Kreativität im Container – das gute Zusammenwirken.

Kritisch ist dabei vor allem die Phase 2, die Ähnlichkeiten mit der Stormingphase bei Tuckman besitzt. Hier zeigen die Teilnehmer ihre „Ecken und Kanten". Transaktionsanalytische Spiele werden in dieser Phase ausprobiert, um die Toleranzfähigkeit des Gruppensystems zu testen. Das Eigehen dieser Phase scheint notwendig, aber erst ihre Überwindung macht ein vernünftiges Arbeiten der Gruppe an inhaltlichen Themen möglich.

Nimmt man die Phasen, die Isaacs für Dialoggruppen postuliert, hier noch einmal umgangssprachlich

- talking nice,
- talking tough,
- reflective dialogue und
- generative dialogue

in Betracht, so sind diese, wie gesagt, vom Grundprinzip nicht anders als bei anderen Ansätzen, etwa bei Berne. William Issacs beschreibt dann noch einige Hinweise, wie man den „Container", das Dialogumfeld, das eine kollektive Erkundung fördert, herstellt (S. 432f.):

- Techniken, die Technik überwinden: das Einüben ergibt eine Haltung und Fähigkeit, die Technik hinter sich lässt. Im deutschen Sprichwort „Der Meister bricht die Form" wird dies ebenfalls deutlich.

- Tätiges Innehalten: Tiefere Einsichten zu einem Problem entstehen dadurch, dass man Erkenntnisse zum zugehörigen Denkprozess erringt.

- Entschiedene Absicht, aber keine Entscheidung: Erkunden im Sinne von „inqiry", lateinisch inquaerere, „im Inneren suchen", ist die Vorgehensweise.

- „Ein sicherer Rahmen birgt Gefahren": Im Dialog sollte man den Mut haben, sich auf das Gefährliche einzulassen.

- „Individuell und kollektiv zugleich": Der Einzelne lernt sich selbst zuzuhören und der Gruppe. In diesem Gemeinsamen entsteht das Neue (S. 434).

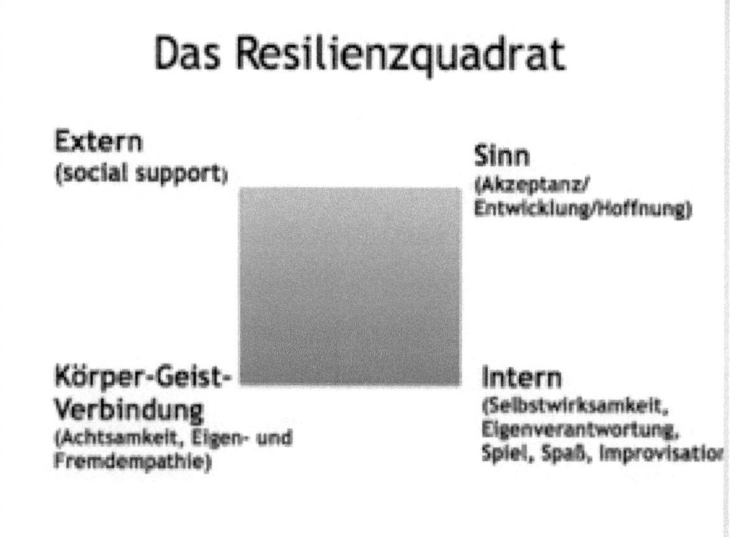

Dialog und Resilienz

Resilienz ist ein wichtiges Thema im 21. Jahrhundert. Das Resilienzquadrat mit externen und internen Ressourcen sowie Körper-Geist-Achtsamkeit und Sinn (Mohr, 2017) stellt die wesentlichen Faktoren zusammen. Es fokussiert externe Ressourcen in Form der Unterstützung durch andere Menschen als zentrale Bedingung von Resilienz.

Friederike Höher (2018) bringt die zwischenmenschliche Ebene in Form des Dialogs mit Resilienz in Zusammenhang. Sie postuliert dialogische Lern- und Entwicklungsbeziehungen und darin eingebettete Kommunikation als Bedingungen für Resilienz. Man hat nicht Resilienz wie einen vorhandenen Schatz, sondern sie ist ein immer wieder herzustellendes Phänomen. Ihr daraus folgende Resilienzkonzept orientiert sich zwar am bekannten Modell „Sieben Säulen der Resilienz", ergänzt aber hier den Dialog als Fundament. Dialog ist für Höher innere Haltung, eine besondere Beziehungsqualität und ein Set von Fähigkeiten. Sie erachtet sieben Resilienzfaktoren für wichtig: Akzeptanz der Situation, Bereitschaft loszulassen, Sinn und Verstehen, Verantwortungsübernahme, welterschließendes Lernen, Beziehungs- und Netzwerkorienterung sowie Aufgeschlossenheit für die Zukunft. Achtsamkeit, Körperbezug oder auch Humor und Improvisationsfähigkeit werden in ihrem Modell nicht so stark betont. In der Organisationsperspektive bezieht sie sich auf die heutigen Veränderungen in Wirtschaft und Gesellschaft. Volatilität, Unsicherheit, Komplexität und Ambiguität, die so genannte VUKA-Welt, sind die Substantive, die dies verkörpern. Höher hat da eine klare Antwort. Dialogische Kommunikationsmuster stellen die Antwort für die heutigen Herausforderungen dar. Dieses besondere Anliegen, die Nutzung von Dialogverfahren in Organisationen, kommt in „Schritte in eine dialogische Organisationskultur" zum Ausdruck. Hier werden die Ansätze Mentoring und Coaching genauso wie die von Bushe und Marshak als Sammelbegriff genutzte Dialogische Organisationsentwicklung näher betrachtet. Der Autorin kommt es auf eine ganzheitlich dialogische Haltung an: „Es ist nicht nur die Art der Kommunikation, über die neue Impulse gesetzt werden: Die Erfahrung eines gemeinsamen Hervorbringens einer neuen Wirklichkeit ist das Wesentliche" (S. 180).

Sie macht deutlich, dass das Dialogische bei den Methoden der Dialogischen Organisationsentwicklung wie etwa World Café oder Real Time Strategic Change (RTSC) eher in den konkreten Sitzungen stattfindet, der Kontext davon allerdings durchaus sehr gesteuert ist. Hier zeigt sich ein oft vorhandenes Dilemma, was Dialogik anbelangt: Ist die grundlegende Beziehungsstruktur dialogisch oder werden nur für einzelne Fragestellungen dialogische Kommunikationen zugelassen, was natürlich Einfluss auf die Effizienz hat?

Dialogische Organisationsentwicklung

Gervase Bushe und Robert Marshak (2016) schlagen „dialogische Organisationsentwicklung" als eine neue Herangehensweise vor. Sie haben diesen Begriff allerdings als Überschrift für eine ganze Reihe praktischer Verfahren ausgewählt, die Sie unter dialogisch fassen, um eine Abgrenzung zu dem zu finden, was sie „diagnostische Organisationsentwicklung" (dialogische OE) nennen. Diese Unterscheidung erscheint etwas hölzern, da viele sogenannte diagnostische Verfahren im gemeinsamen Dialog zwischen Organisationsentwicklern und dem

Klientensystem entstehen. Außerdem betonen sie ausdrücklich, dass es nicht ausreicht, nur „good dialoques" („gute Dialoge") zu führen. Dialogische OE hat nach ihrer Auffassung folgende Prinzipien (Bushe und Marshak, 2016, 409):

- Realität und Beziehungen sind sozial konstruiert.
- Organisationen sind sinnstiftende Systeme.
- Sprache in einer weiten Definition ist wichtig.
- Veränderung zu schaffen bedeutet die Konversationen zu verändern.
- Gruppen und Organisationen sind selbstorganisiert.
- Erhöhe die Differenzierung in partizipativer Erforschung und Engagement vor der Suche nach Kohärenz.
- Tranformationale Veränderung ist mehr emergent als geplant.
- Berater sind Teil des Prozesses nicht außerhalb davon.

Mit ihrem Ansatz wollen sie die diagnostische Organisationsentwicklung ablösen. Die diagnostische OE ist nach ihrer Meinung die, die zunächst eine Diagnose erstellt und dann zu Interventionen greift. Diese Vorstellung trifft auf sehr im Strukturorientierten verbliebene Unternehmensberatungen zu, wird aber aus der modernen systemischen Perspektive anders betrachtet. Von der systemischen Beratungsperspektive her ist jede Diagnostik schon Intervention. Rein systemisch betrachtet, gibt es keine Unterscheidung zwischen einer diagnostischen Phase und dann einer Intervention, Maßnahme oder Umsetzung. Dies ist sicher oft der Bezugsrahmen von betriebswirtschaftlich orientierten Klientensystemen. Und es geht nicht ohne Diagnostik. Man kann nicht *nicht* diagnostizieren, würde man in Abwandlung von Paul Watzlawicks Satz „Man kann nicht *nicht* kommunizieren" sagen. Diagnostisch schauen auch die zunächst, die dann Open Space, Zukunftskonferenzen oder Real Time Strategic Change (RTSC) in einer Organisation anwenden, um einige Beispiele von Bushe und Marshak zu nennen. Dialogische Organisationsentwicklung nach Bushe und Markshak umfasst alle Methoden, die in der Großgruppenarbeit eingesetzt werden wie Appreciative Inquiry, Real Time Strategic Change, World Café aber auch die Theorie U oder Syntegrity (Bushe und Marshak, 2016, 408). In einem neuen Buch stellt Friederike Höher Aspekte des dialogische Vorgehens detailliert vor und präsentiert sehr schöne Übungen sowie Anwendungsbeispiele (Höher, 2017b).

Dennoch ist es die Kompetenz der Berater, Coaches und

Organisationsentwickler die Wirklichkeitssicht zu verändern. Beispielsweise organisationale Transaktionsanalytiker gestalten Wirklichkeit durch Kommunikation (Mohr, 2000, 2006, 2008, 2010, 2014, 2015, 2017). Denn die alte Sicht geht oft damit einher, dass die Auftraggeber einer Maßnahme sich nicht als Teil des Veränderungssystems begreifen. Dies ist ein Relikt aus anderen Beratungsansätzen, nicht aus der humanistischen oder systemischen Beratungsvorstellung. Wie auch solche Termini wie Auftragsklärung aus anderen Methoden herrühren. Denn das Wort Auftrag unterstellt in der deutschen Sprache ein Hierarchieverhältnis und stammt aus der klassischen, linearen Unternehmensberatung, wird aber leider auch von vielen Systemikern verwendet. Die Termini „Vereinbarung", „Vertrag" oder „Übereinkunft" aus der Transaktionsanalyse, die die Eine-Augenhöhen-Beziehung betonen, erscheinen angemessener, um die Kompetenz der Organisationsberater zu würdigen. Diese klare Beziehungsdefinition ist grundlegend für den Aufbau von Resilienz. Abhängige oder „gekaufte" Organisationsberater verstärken bisherige Muster.

Zwischenresümee

Insgesamt stellen die Ideen, die unter Dialog gefasst werden, eine interessante Fokussierung von Elementen des Gespräches dar. Es ist ein wertvoller Ansatz. Und alles ist nicht genuin, nicht woanders auch vorhanden. Die Grundautoren des Dialogansatzes stammen nicht aus der Psychologie. Buber ist Theologe, Bohm Physiker und Krishnamurti ein spiritueller Weisheitslehrer. Dies ist von Vorteil, weil sie vielleicht unvoreingenommen von psychologischer Grundbildung, die zumindest in ihrer persönlichkeitstheoretischen Ausrichtung eher an Individuen interessiert ist, betrachten können. Wohl gemerkt ist das neben der Sozialpsychologie oder auch der Organisationspsychologie nur ein Ausschnitt der Psychologie. Auf der anderen Seite steht in der Psychologie eine Menge Wissen für gute Gespräche zur Verfügung. Gerade in der humanistischen Psychologie (Rogers, Perls, Berne, Maslow,...) steht der Entwicklungs- und Heilungsprozess des Menschen im Vordergrund. Und Buber und Bohm waren wohl vertraut mit den Diskussionen ihrer Zeit. Das Aufeinanderbeziehen der Menschen ist seit der humanistischen Psychologie ein zentraler Punkt für Entwicklung und Heilung. Beispielsweise resultiert in therapievergleichenden Untersuchungen die Beziehung als entscheidende Variable vor jeder Methodik. Die an neuere psychoanalytische Konzepte angelehnte relationale Richtung geht noch weiter, in dem der Übertragungsaspekt, also das, was beide Gesprächspartner in einer Dialogsituation aus früheren, zum Teil ungelösten Beziehungssituationen, in das Aktuelle hineintragen, sehr beachtet wird.

Dies bedeutet für mich, dass man für die Dialogmethode als nicht-hierarchische Kommunikationsform sehr viele Anwendungsbereiche finden kann. Aber da, wo aus bestimmten Gründen asymmetrische Beziehungen bestehen, etwa gerade durch ein übergeordnetes Ziel, das dringend gelöst werden muss und im Zeitdruck nur durch Verantwortungsübernahme Einzelner möglich ist, findet der Dialog seine Grenze. Oder auch in dem Falle, in dem die asymmetrische Beziehung durch bestimmte kraftvolle, psychische Eigenheiten Einzelner, etwa durch narzisstische Muster entstehen, wird der Dialog schwierig. Vielleicht bin ich da zu skeptisch. Aber gerade die Überlegungen von Bushe und Marshak (2015) zum Zusammenhang von Dialog und Reifegrad der Persönlichkeit deuten an, dass dialogische Verfahren eine deutlich hohen Reifegrad der persönlichen Entwicklung benötigt.

Dialog und Resonanz

Ganz neuen Datums ist eine sehr umfassende Betrachtung des „in-Kontakt-tretens" des Menschen mit der belebten und unbelebten Welt. Wonach streben Menschen heute? Was brauchen sie aktuell in einer Gesellschaft, die dank ungeheurer Dynamik zwar für großen Wohlstand, große Spreizung von Einkommen und Vermögen sowie neue Zivilisationskrankheiten wie Burn out gebracht hat? Wie müssen Situationen aussehen, die für Menschen das bringen, was sie sich wünschen?

Hartmut Rosa beschreibt in dem Buch „Resonanz" in vier großen Teilen das, was er gelungene „Weltaneingung" nennt. Wie sieht die gelungene Beziehung zur Welt und zu anderen aus, die dem Menschen tatsächlich entspricht? Denn das Streben nach zunehmender Aneignung der Welt hält Rosa für die Grundfeder menschlichen Handelns. Die gelungene Lösung ist Resonanz, die Menschen der Welt gegenüber erfahren können.

Gute dialogische Situationen korrespondieren sehr mit dem wie Rosa Resonanz sieht: „Resonanz ist eine durch Affizierung und Emotion, intrinsisches Interesse und Selbstwirksamkeitserwartung gebildete Form der Weltbeziehung, in der sich Subjekt und Welt gegenseitig berühren und zugleich transformieren" (S. 298).

Es geht also um Weltbegegnungen mit etwa fünf Charakteristika:

- einer fokussierten Situation (Affizierung),
- mit bestimmtem gefühlsmäßigem Anteil (Emotion),

- einer aus der eigenen Person hervorkommenden Seite (intrinsisch)
- sowie eigenem Gestaltungsgefühl (Selbstwirksamkeitserwartung)
- und einer Veränderung von Subjekt und Welt (Transformation).

Wichtig ist vor allem, dass Resonanzerleben nicht hergestellt werden können. Man kann sich dafür bereit machen, verfügbar halten, aber man kann nicht direkt über sie verfügen. Rosa ist der Auffassung, dass Menschen Resonanz im Leben brauchen. Es gibt Resonanz auf drei Achsen. Auf der ersten geht es um den Kontakt zu Menschen, auf der zweiten zu Objekten und auf der dritten zu großen Phänomenen wie der Natur, der Geschichte, der Religion. Dialogische Formen können hier in allen Resonanzachsen Menschen Resonanzerleben bringen. Allerdings garantiert der Dialog das nicht. Es braucht die Offenheit eines Menschen und die entsteht, wenn ein Mensch sich etwa in einem guten Gruppengespräch sicher und geborgen fühlt.

Die Untersuchung

Im Ablauf seiner insgesamt 800-seitigen Analyse beinhaltet der erste Teil entsprechend „Grundelemente" dieser Weltaneignung, worin er ausführlich unterschiedliche Formen wie die körperliche, emotionale und kognitive Bezugnahme auf die Welt beschreibt und gleichzeitig kritisch beleuchtet. Im zweiten Teil werden sogenannte Resonanzachsen betrachtet. Dies sind Felder, in den Resonanz erreicht werden kann. Dabei werden horizontale, diagonale und vertikale unterschieden. Horizontale sind solche, die sich auf Menschen beziehen (Familie, Freunden,...), diagonale die, die sich auf dingliche Phänomene und Objekte (Material, Arbeit,....) erstrecken. Unter die horizontalen Resonanzachsen fasst er die Beziehung zu großen Zusammenhängen wie Religion, Natur, Kunst und Geschichte.

Im dritten Teil postuliert er „das Verstummen" als fundamentale Angst des Menschen. Er nennt es die „Resonanzkatastrophe". Dies ist besonders gravierend, da es gleichzeitig in der Moderne eine gewachsene Resonanzsensibilität des Menschen gibt. „Ist Resonanz katholisch, weiblich, jung?" fragt Rosa und versucht mit seiner Antwort ein Klischee aus der Welt zu räumen.

Im vierten Teil wird das Resonanzphänomen auf dem Hintergrund des heutigen Kontextes betrachtet. Die dauernde Dynamisierung vieler gesellschaftlicher Zusammenhänge wie der Wirtschaft sind für Resonanz nicht einfach. Denn einerseits ist Resonanz bedroht, andererseits steigt die Sensibilität für Resonanz.

Weltaneignung und Resonanzachsen

Zu Beginn stellt er Beispiele von Menschen vor, die mit etwa gleicher Ressourcenausstattung doch sehr unterschiedlich durch die Welt gehen, die eine fröhlich und singend, die andere missmutig und verschlossen. Der Unterschied liegt in der unterschiedlichen Weltaneignung und dem zusammenhängenden unterschiedlichen Verhältnis zur Welt. Er will damit ausdrücklich nicht Ungleichheit der Ressourcen und – er setzt es in Klammern – „jene (kapitalistischen) Verteilungsverhältnisse" (S. 23) legitimieren. Sogar macht er einen Umkehrschluss, in dem er die Duldung der Ungleichheit darauf zurückführt, dass man „gegenüber der Frage nach dem guten Leben blind und taub" ist (S.23).

Was wollen Menschen wirklich, was wollen sie eigentlich? Rosa findet dafür den Begriff „Resonanz", die sich zwischen zwei Menschen oder zwischen einem Menschen und einem Objekt entwickeln kann. Resonanz stellt für ihn das zentrale Phänomen der Lösung dar.

In seiner Analyse betrachtet Rosa zunächst die Bezugnahmen auf die Welt von klein auf, über Körper, Emotionen und psychisches Funktionieren. Ausführlich betrachtet er „Die Grundelemente menschlicher Weltbeziehungen" von seinem Erscheinen im Mutterleib, wo er aus den „Sphären"-Beschreibungen Sloterdijks Mutmaßungen über das Empfinden des Fötus übernimmt. Dann thematisiert er Atmen, Stimme, Blick, Bewegung und körperliche Ausdrücke von Emotionen wie Lachen, Weinen und Lieben. Dann geht er auf die Subjekt-Körper-Beziehung als Ganzes, die Haltungen zum Körper, mit ihren Formen ein. Der Ansatz ist also keineswegs auf die Soziologie begrenzt, sondern greift insbesondere auch die in der Psychologie entwickelten Ideen auf. Lange befasst sich Rosa etwa mit den Spiegelneuronen und der Empathiegrundlage. Hier fokussiert er aus meiner Sicht sehr gut, indem er nicht einer blinden Spiegelneuronenmanie folgt, sondern gerade die schnelle Wirksamkeit der kognitiven Kontrolle über die ursprüngliche Reaktion hervorhebt. Interessant ist, dass die kognitive Überprüfung der ersten Reaktion die Spiegelungsreaktion schnell übertrumpft. Das kognitive Erwartungs- und Einstellungssystem wird dominant. Wünschenswert wäre an dieser Stelle noch etwas mehr zur Mentalizingforschung gewesen, die ja gerade die beiden Phasen des

Empathielernens, die frühe, reflexartige und die spätere, gelernte unterscheidet. Dann würde die Dominanz des kognitiven präfrontalen Kortex deutlicher.

Auch das zweite Kapitel mit den drei Beziehungsbereichen Menschen, Objekte und große Zusammenhänge (Religion, Kunst, Geschichte) diskutiert viele Aspekte und Standpunkte sehr ausführlich. Und es ist nicht ganz einfach, sich dem Unterfangen zu stellen, das Resonante in den einzelnen Bereichen zu erfassen. Dabei liegt ein recht verständliches Prinzip zugrunde, das nämlich, die Welt in Reichweite zu bringen, sich die Welt zu erschließen. So wie ein Kleinkind laufen lernt, dann als Kind mit dem Fahrrad zum Dorfrand fahren kann, später als junger Erwachsener mit dem Auto in die Disco in die Stadt. Man merkt, dass Hartmut Rosa aus einem Dorf stammt. Dem Menschen geht es um Weltreichweitenerweiterung. Aber die Kehrseite des Verfügbarmachens von Welt bleibt in der Angst vor dem Verstummen. Sitzt man heute in einer U-Bahn umgeben von Menschen, die alle in ihr Smartphone schauen oder sich der eigenen Musik zuwenden, liegt trotz der hohen Frequenz der Kommunikation, die die modernen Mittel ermöglichen, Verstummen. Was braucht es stattdessen?

Rosas letztes großes beschriebenes Thema war die Beschleunigung in Wirtschaft und Gesellschaft. Der

Autor knüpft auch in gewisser Weise an dieses frühere Buch zur Beschleunigung an, indem er nun das herauszuarbeiten versucht, worin er die Lösung für die in Wirtschaft und Gesellschaft festzustellende zunehmende Dynamik und ihre Folgen sieht. Konstruktive Weltaneignung ist heute eine echte Aufgabe. „Wenn Beschleunigung das Problem ist, dann ist Resonanz vielleicht die Lösung" (S. 13). Rosa betrachtet nicht die Technik als verantwortlich dafür, dass wir heute alle unter Beschleunigung und Zeitnot leiden. Er sieht schon den Menschen und seine Umgangsweise mit den technischen Errungenschaften als Ursache, allerdings bietet der Kontext aus Wirtschaft und Technologie dazu heute fruchtbaren Boden. Die zunehmende Weltaneignung verbindet sich hier mit dem Zwang des Kapitalismus, zu seinem Selbsterhalt immer weiter Wachstum produzieren zu müssen.

Gleichzeitig ist permanentes Überschreiten der bisherigen Grenzen in Wirtschaft und Gesellschaft angesagt. Die Dynamik der kapitalistischen Gesellschaft sieht er im G-W-G', Geld – Ware – noch mehr Geld. Die kapitalistische Wirtschaft brauche zu ihrer Stabilisierung das Wachstum. Für die Wissenschaft gebe es ebenfalls die Wachstumsdynamik W-F-W', Wissenschaft W – dann mit Forschung F über das Wissen hinausgehen – dann

Erweiterung des Wissens W'. Der gesamte Modus von Wirtschaft und Gesellschaft besteht in der der Erhaltung des Bestehenden durch Steigerung.

Strukturell sieht er die Gesellschaft in einer Desynchronisationskrise. Viele Entwicklungen passen nicht mehr so gut zusammen. Auf den Finanzmärkten können mit Lichtgeschwindigkeit Geschäfte gemacht werden. Die Produktion von realen Gütern wird immer schneller. Nur unsere Psyche, unsere Seele ist zu langsam. Entschleunigung wird außerdem oft zur Beschleunigung benutzt. Zwanzig Minuten Entschleunigungsoase und dann um so schneller. Menschen kommen nur dadurch aus Entfremdung heraus, wenn sie Resonanz erfahren. Nur dann berührt mich etwas, die Affektseite ist dabei. Es braucht aber die andere Stimme, die ein Mensch aber auch eine Landschaft oder ein Objekt sein kann.

In der Frage, was Subjekt und was Welt ist und ob sich diese beiden theoretisch voneinander isolieren lassen, bezieht sich Rosa auf den kanadischen Sozialphilosophen Charles Taylor. Subjekt ist die Entität, die Erfahrungen macht und der Ort, „an dem sich psychische Energie motivational materialisiert, an dem also Handlungsantriebe wirksam werden" (S. 65). Und diese riesige Weltmöglichkeit ist schon von Anfang an da. Die Weltdifferenzierung in objektive, soziale und subjektive

Innenwelt der Gefühle, wie sie in der Soziologie (z.B. Habermas) vollzogen wird, fasst Rosa hier in Welt zusammen. Durch diese Zusammenfassung beschreibt er trotz der Betonung des „Dazwischens", zwischen Subjekt und Welt, allerdings ein sehr stark aus der Person heraus und man könnte in Zusammenhang insbesondere der Definitionsmerkmale Emotion und Selbstwirksamkeitserwartung von einem sehr stark sozialpsychologischen Konzept sprechen.

Seine Begründung für dieses Vorgehen liegt in seinem Anspruch: Gesellschaftskritik ist daher für ihn „Kritik der Resonanzverhältnisse" (S. 70). Dies bezieht sich auf die Kritik einer ganzen Lebensform, wie Menschen sich auf die Welt beziehen (S. 297).

Wer unglücklich ist, dessen Resonanzachsen zwischen Selbst und Welt bleiben stumm. Ob ein Gerichtssaal, Börsenzahlen oder das Fitnessstudio eigentlich keine wirkliche Resonanz erzeugen, weil sie kalt und empathielos sind, und ein Fußballspiel dagegen „eine andere Qualität" bezüglich der Befriedigungswerte erzeugt, sei hier einmal offen gelassen. Ob die Resonanzachsen einen positiven Dienst leisten können, hängt von drei Faktoren ab. Den „Dispositionen des Subjekts", der institutionellen Konfigurationen des betreffenden Weltausschnitts und der Beziehung zwischen diesen beiden. Selbst lebensfeindliche Umwelten bergen Resonanzmöglichkeiten. Es kommt darauf an, sie zu entdecken.

Resonanzbegriff

In seiner Definition der Resonanz stellt Rosa wie oben schon vorgestellt unterschiedliche Aspekte zusammen: „Resonanz ist eine durch Affizierung und Emotion, intrinsisches Interesse und Selbstwirksamkeitserwartung gebildete Form der Weltbeziehung, in der sich Subjekt und Welt gegenseitig berühren und zugleich transformieren" (S. 298).

Resonanz besteht also aus mehreren Merkmalen. Resonanz bedeutet zuerst einmal zuhören, bevor man etwas anderes macht. Resonanz ist aber deutlich mehr als einfach mitschwingen. Dies ermöglicht, „sich berühren lassen". In einer Resonanzsituation werden wir von etwas berührt. Er betont außerdem, es stellt sich eine Reaktion in Form einer Antwort ein. Man antwortet und diese Antwort findet auf mehreren Ebenen statt, emotional, gedanklich und körperlich statt. Antworten ist eine Form der Aktivität. Menschen erleben in der Resonanz Selbstwirksamkeit. Weiter geschieht eine Transformation. Man ist danach nicht derselbe wie vorher, sondern zumindest leicht verändert. Etwas hat einen angerufen. Als zusätzlicher Aspekt gilt, Resonanz ist nicht systematisch her-

stellbar. Menschen gehen zu einem Konzert, in dem sie
etwas Großes erwarten, dann aber doch enttäuscht werden. Hier setzt er sich gut von in Gesellschaft und Wirtschaft verbreiteten Suggestionen ab, dass das Glück als
die nach oben offene Summe der bezahlten Großevents
zu greifen ist. Als kognitive Dissonanzreaktion reden sich
Menschen manchmal ein maues Ereignis stark, obwohl
sie es anders empfanden. Wenn ich schon so viel dafür
bezahlt habe, muss es doch was gewesen sein.

Der Antwortaspekt kennzeichnet Resonanz. Der Sozial-
philosoph Axel Honneth, einer von Rosas Lehrern, hatte
die Anerkennung als wesentliches Phänomen betrachtet.
Rosa geht nach seiner Auffassung aber mit dem Reso-
nanzbegriff darüberhinaus, weil Wertschätzung etwas
ist, was in den einzelnen Personen passiert, Resonanz
sieht er in und zwischen den Personen. „Resonanz ist
keine Echo-, sondern eine Antwortbeziehung; sie setzt
voraus, dass beide Seiten eine eigene Stimme sprechen,
und dies ist nur dort möglich, wo starke Wertungen berührt werden" (S. 297).

Interessant ist die Frage der Selbstwirksamkeit, die sicher einen näheren unmittelbaren Raum und eine län-
gerfristigen größeren hat (S. 60). Diese Unterscheidung
Rosas ist wertvoll, da eine zunehmende Kurzfristigkeit
der Wirksamkeitserwartung festzustellen ist. Ein politi-

scher Leserbrief oder Blog erzeugt vielleicht weniger kurzfristige direkte Resonanz wie ein Gespräch mit einem anderen Menschen, vielleicht aber Nachdenken bei einer breiteren Gruppe von Menschen.

Selbstwirksamkeit war in den letzten Jahren oft „das" Konzept der psychischen Gesundheit. Beispielsweise im Kapitel über die Resonanzqualität des brisanten Bereiches Politik ermittelt er Selbstwirksamkeit eher als eine Inputgröße, also das man etwas einbringen kann, als eine Outputgröße, einen ganz bestimmter Erfolg. Der Schweizer Ökonom Bruno S. Frey hat nach Rosa belastbare Ergebnisse gefunden, dass die Lebenszufriedenheit mit der Möglichkeit demokratischer Mitsprache und politischer Teilhabe korreliert. Dabei ist die Inputmöglichkeit, die Teilhabe, wichtiger als der Output, also das Ergebnis politischen Handelns. „Es zeigt sich deutlich: Wer in Ländern mit umfassenden demokratischen Institutionen lebt, ist unter sonst gleichen Bedingungen mit seinem Leben wesentlich zufriedener. Der Glückseffekt der Demokratie ist somit erheblich" (Frey, B. S., „Das Projekt Volksherrschaft. Macht Demokratie glücklich?" in: Neue Zürcher Zeitung, vom 08.03.2013., Frey, B. S. Sturzes, A. „Happiness, Economy and Institutions", in: The Economic Journal 110 (2000), S.918-938, zit. nach Rosa, H., Resonanz, Berlin: Suhrkamp, 2016, S. 369.)

Dabei hebt sich Resonanz von unterschiedlichen Begriffen ab, etwa von Authentizität oder Autonomie, aber auch von Wertschätzung. Authentizität und Autonomie taugen als Zielbegriffe nicht, weil sie den Beziehungsaspekt zu wenig hervorheben. „Jedoch wäre die Autonomie als normatives Kriterium für ein gelingendes Leben zu einseitig" (S. 755f.), da sie die Relationalität von Weltbeziehungen nicht erschließen könne (S. 313ff.). Authentizität und Autonomie begrenzen sich zu sehr auf die Einzelperson. Resonanz ist etwas, das zwischen zwei Subjekten oder einem Subjekt und einem Objekt entsteht. Authentizität leidet darunter, dass der dafür zu erspürende innere Kern nicht wirklich präzise bestimmbar ist und auch dass der Kern sehr wandelbar wahrgenommen wird, je nach den Umständen, in die ein Mensch gerät.

Eigene Assoziationen und Bewertungen

Der Mensch reagiert doch offensichtlich viel stärker als ein kontextbezogenes und beziehungsbezogenes Wesen als es der oft implizit in Wirtschaft und Gesellschaft verbreitete Ansatz des Individuums darstellt. Menschen sehen sich gerne authentisch, es ist eine Sehnsucht, sich selbst zu finden und stabil zu erleben. Von außen kann der Beobachter oft die Unterschiedlichkeit und Kontextgebundensein sehen. Menschen wollen sich trotzdem gerne mit dem, was sie gerade fühlen, die Welt aneignen. Da ist die Sehnsucht nach dem Maßstab, den es eigentlich nicht gibt. Eine andere Assoziation an dieser Stelle: Interessant ist in diesem Zusammenhang die uralte Zen-Idee des „Nichts", dass auch der innere Kern der menschlichen Existenz „Leerheit" darstellt, wobei „Nichts" und „Leerheit" hier nicht Gar-Nichts und völliges Vakuum, sondern nur Substanzlosigkeit in sich allein, aber vielfältige Bedingtheit durch anderes im immer währendes Ursache-Wirkungs-Prinzip bedeuten. Es gibt immer viele Hennen und Hähne vor dem Ei.

Rosa sieht zurecht im Gegensatz zu seinem Resonanzkonzept die Glücksratgeber zu sehr auf der ressourcenausstattenden Fährte der drei G - Geld, Gesundheit und Gemeinschaft. Das menschliche Leben erscheint in diesen Dimensionen immer weiter steigerbar. Man muss nur zusätzliche Ressourcen gewinnen. Dies ist auch meiner Auffassung nach eine Sackgasse. Eine klassische These ist, dass schlechte Ressourcenbedingungen zu weniger Resonanzmöglichkeiten führen. Es kann allerdings auch genau umgekehrt sein, dass vorhandene Resonanzfähigkeiten zu besseren Ressourcen führen. Nach meinem Wissen des heutigen Untersuchungsstandes korreliert das aber.

Die politischen Folgerungen und Forderungen, die aus dem Resonanzkonzept resultieren, unterstützen durchaus schon im Raum stehende Konzepte wie etwa das Grundeinkommen. Das wird es aber nicht allein lösen. Resonanzfähigkeit ist vielleicht zunehmend mehr ein zartes Pflänzchen, das in der heutigen Welt sehr geschützt und gepflegt werden muss. Bezieht man hier etwa die Analyse von Yuval Harari mit ein, was uns Menschen in diesem Jahrhundert „blüht" und welche Entwicklungen sich aus der Fortschreibung des Aktuellen bevorstehen, nämlich der zunehmende Umbau des Menschen durch eingebaute technische Hilfsmittel und durch chemische Glücks- und Altersverlängerer, stellt das Resonanzkonzept auch eine alternative Perspektive dar. Aber es stellt an den Einzelnen auch hohe Anforderungen. Es braucht aktive Persönlichkeitsarbeit des einzelnen Menschen von klein auf, um Resonanzfähigkeit zu erlernen.

In der Wochenzeitung „Die Zeit" hat der Philosoph Dieter Thomä Rosa für die Nutzung eines aus der Akustik stammenden Begriffs kritisiert. Dieser Kritik möchte ich mich hier überhaupt nicht anschließen, da dies ein durchaus gängiges Mittel ist, sozialpsychologische Phänomene zu beschreiben. Die Begriffe Stress und Resilienz haben eine ähnliche Geschichte und wurden auch dadurch in der „geistigen" Welt sehr viel verständlicher. Insgesamt stellt Rosa damit eine wunderbare theoretische Grundlage für beziehungsorientierte Ansätze dar, wie sie auch in psychotherapeutischen Wirkungsbetrachtungen (z.B. Psychoanalyse oder Transaktionsanalyse) in den letzten Jahren in den Vordergrund gerückt ist. Gerade für Beratung und Coaching gibt die Resonanzidee wichtige Hinweise für die Arbeit mit Klienten.

Resümee

Sowohl die Konzepte zum Dialog als auch das umfassendere Resonanzkonzept versuchen herauszufinden, wie menschliche Kommunikation und Beziehung zu positiven Entwicklungen führen. Dabei zeigen sie deutlich unterschiedliche Schwerpunkte. Buber hat die Entwicklung des Menschen zum Menschsein im Auge. Bei Bohm und Krishnamurti geht es mehr um die Veränderung gesellschaftlich verbreiteter Fehlannahmen. In den organisationalen Anwendungen richtet sich die Zielrichtung auf eine gelingende Organisationsentwicklung. Das Resonanzkonzept schließlich betrachtet die Beziehungsgestaltung hin zum persönlichen Glück.

Insgesamt geben diese Konzepte wichtige Anregungen, das „Zwischen", das sich dann Inszenierende, wenn

Menschen zusammenkommen, deutlicher in den Fokus zu nehmen. Gerade für Zusammenarbeit und autonome Beziehungsgestaltung ist das Dialogische eine wertvolle Perspektive. Dialogisch miteinander umgehen bedeutet, aus einer o.k.-o.k.-Haltung heraus, echtes Interesse am Bezugsrahmen des anderen zu haben und das Bestreben, auf einer Metaebene einen gemeinsamen Bezugsrahmen herzustellen. Die dialogischen Ansätze von Bohm und Buber oder auch von Höher greifen einen Aspekt des Miteinanders auf, der den Menschen mehr in den Vordergrund stellt, das menschliche Miteinander in der Kommunikation. Auch Rosenberg, der bekanntlich TA-Training genossen hatte, hat eine dialogische Vorgehensweise in der Praxis sehr propagiert und „gewaltfreie Kommunikation" genannt. Neuere Kommunikationsmodelle etwa von Storch und Tschacher betonen ebenfalls, dass die Zielgerichtetheit der Kommunikation und „das Lineare" darin nicht das Zentrale der Kommunikation sind, sondern das Erreichen einer Synchronizität.

In den Sender-Empfänger-Modellen schon von Shannon und Weaver (1946) auch über Schulz v. Thun hinaus, waren gerichtete Kommunikationsmodelle üblich. Im Grunde betonen diese traditionellen Modelle aber im engeren Sinne Information, im Sinne des Übertragens irgendeines Sachinhaltes und nicht Kommunikation, das im Grunde des Wortes bedeutet, etwas Gemeinsames herstellen. Man kann die Hypothese aufstellen, dass es in den traditionellen Kommunikationstheorien nach dem Zeitstruktierungsmodell von Berne (Rückzug, Rituale, Zeitvertreib, Aktivitäten, Psychologische Spiele, Persönliche Nähe) im Grunde um Stufen der Aktivität geht. Sie lassen weder die Muster der psychologischen Spiele, geschweige denn, kreative, offene und durch persönliche Nähe geprägte Beziehungen zu.

Alles drum herum, was nicht zielgerichtet war, war Rauschen und Beiwerk. In Luhmanns Vorstellung, dass Organisationen aus Kommunikation bestehen, bei der allerdings nicht die Person, sondern der Leistungsbeitrag zum Organisationsziel im Vordergrund steht, wurde die Idee der Kontext- und Zielbezogenheit in den Vordergrund gestellt. Auch dies wirkt von heute aus betrachtet, sehr technisch.

Bernes Modell der Transaktionen war von Anfang an interessanterweise ein integratives Modell mit dem Aspekt der Gerichtetheit und dem des Gemeinschaftserlebens im Beisein des oder der anderen Menschen. Eine Transaktion ist ein Austausch von Stimulus und Reaktion. Wenn diese Form der Kommunikation gut verläuft, wird sie als Intimität erlebt. Dabei ist nicht eine bestimmte Form der Transaktion entscheidend. Parallele

Transaktionen sagen nur etwas darüber aus, wie lange die Kommunikation auf dieser Ebene weitergeht. Gerade aus Therapie und Beratung wissen wir, wie eine gute, überraschende Intervention, die als gekreuzte Transaktion modelliert werden würde, zu plötzlichem Verständnis und zur persönlichen Nähe, mithin zur „Intimität", wie Berne gelungene Beziehungen etwas missverständlich bezeichnete, führt.

Interessant ist dabei, dass es im Dialog meist kein determiniertes Sach- oder Inhaltsziel gibt. Dies hört sich für Menschen aus Organisationen und Unternehmen und insbesondere für Personen, die sich nur in einer strikteren Struktur wohlfühlen, erst einmal schwierig an. Allerdings weiß man aus der systemischen Forschung, dass menschliche Prozesse sich nicht linear vorherbestimmen lassen.

Und wenn etwa das höchste Ziel eines Entwicklungsprozesses deklariert wird, vielleicht noch in SMART-Kriterien (Spezifisch, Messbar, Anspruchsvoll, Realistisch und Time/Zeit-gebunden), so bleibt dies in der Praxis eine Wunschvorstellung und stellt sich in den meisten Fällen ganz anders heraus. Die besten Projektmanager gibt es sicher in der Flugzeugkonstruktion und bei großen Bauvorhaben. Die Realität zeigt hier, dass kaum ein solches Projekt zeitgerecht und vor allem zielgerecht – was das Budget anbelangt – erreicht wird. Bei Entwicklungsprozessen scheint die systemische Bewegung des Driftens in der Regel ein Notnagel für Menschen mit zahlenmäßigen oder sportlichem Bezugsrahmen, damit sie sich wohl fühlen. Die Realität von Entwicklungsprozessen ist eine andere. Wenn die dialogische Grundhaltung nicht durch die Fähigkeit zur Empathie und Fremdempathie ergänzt ist, löst sie sich sehr schnell auf. Denn Empathie und Fremdempathie setzen die Fähigkeit zur Selbstdistanzierung voraus. Was bei vielen Leuten wie Empathie aussieht, das deutlich geäußerte Mitschwingen mit den Emotionen eines anderen, ist eigentlich gar keine Empathie. Es ist eine Form von projektiver Identifikation. Man projiziert sein eigenes Erleben auf das, was der andere gerade erfährt, und reagiert aus dieser Betroffenheit heraus, aber nicht aus dem Mitgefühl mit dem anderen. Bei wirklicher Fremdempathie spüre ich mit dem anderen mit und sehe gleichzeitig meine eigene Erfahrung oder Nichterfahrung in diesem Bereich. Ich bin ganz in der Hingabe beim anderen, aber ich verliere mich nicht im anderen. Soweit zur Fremdempathie. Ähnlich ist es mit der Selbstempathie. Sie benötigt Ich-Distanz. Bin ich nicht im inneren Beobachter, der das Gefühl sieht, ist da keine

Empathie, sondern ein Versinken im Gefühl. Die Kooperation von limbischem System und kortikalen Strukturen ist in diesem Fall durch einseitige Hegemonie des Limbischen ersetzt.

Wohlgemerkt, dies plädiert überhaupt nicht für ein Nicht-Fühlen. Im Gegenteil: Es macht Fühlen erst möglich. Aber Empathie ist im Erwachsenenalter ein differenzierter Prozess. Er setzt die Läuterung von eigenen Verletzungen voraus, sonst ist es einfach ein Verschwimmen mit dem anderen, wobei nicht mehr zu entscheiden ist, wie was zustande gekommen ist. Dies ist auch nicht schlecht, wenn es eine Phase ist. Aber das Heilende zwischen Menschen entsteht nur in der Selbst- und Fremdempathie aus einer Ich-Distanz heraus. Die Psychoanalyse allerdings hat das mit ihrem Abstinenz- gebot für den Psychotherapeuten, dass der sich möglichst in kühler Distanz halten soll, absolut übertrieben. Aber die Grundidee, die Freud dabei vermutlich hatte, ist sehr richtig. Mitschwingen, beim anderen sein, ohne die eigene Geschichte überzustülpen.

Bei vielen Menschen im Alltag kennt man das. Kaum hat man ein Thema angesprochen, haben sie Ähnliches erlebt, berichten ihre eigene Geschichte, fühlen sie sogar wieder und verlieren sich darin. Das ist nicht böse gemeint und offensichtlich ein ganz natürlicher Prozess, der die Konditionierung deutlich macht.

Manche, die den Dialogansatz massiv vertreten und durchaus auch in der Rolle als Lehrer und Trainer hier deutlich wirksam sind, versagen, wenn es um sie selbst geht. Sobald das eigene Ich bedroht ist – und dies ist in der Rolle als Lehrer und Trainer ja interessanterweise geschützt – sind sie nicht in der Lage, die dialogische Grundhaltung aufrecht zu erhalten. Dialogische Grundhaltung setzt also eine bestimmten Grad von Persönlichkeitsentwicklung voraus. Mindestens die relativierende Stufe (Loevinger, 1985; Binder, 2010) ist nötig, um das zu erreichen.

Loevinger und Binder nennen es Ich-Entwicklung, was vielleicht etwas unglücklich ist, da es im Grunde um die Entwicklung der Persönlichkeit im Sinne des Selbst, die tiefere Schicht, und nicht das Ego geht. Es braucht aber eine ganze Menge Arbeit an den eigenen psychischen Mustern, um dialogfähig zu werden.

Literatur:

Berne, E. (1966): Principles of Group Treatment. New York: Oxford University Press.

Berne, E. (1972): Was sagen Sie, nachdem Sie ‚Guten Tag' gesagt haben? Psychologie des menschlichen Verhaltens (Frankfurt am Main 1 2007; engl. Original: What Do You Say AfterYouSayHello?"

Binder, T. (2010): Wie gut verstehen Berater ihre Kunden? in: Busse, S. und Ehmer, S. (Hg.): Wissen wir, was wir tun?, 2010, S. 104-132.

Bohm, D. (2004): On Dialogue, London: Routledge (first printed 1996)

Buber, M. (1983): Ich und Du, Heidelberg: Lambert Schneider.

Bushe, G.R. & Marshak,R.J. (2016): The dialogical mindset: Leading Emergent Change in a Complex World. Organizational Development Journal, 34:1, 37-65.

Harari, Y. N. (2017): Homo Deus – eine Geschichte von Morgen, München: C.H.Beck.

Hartkemeyer, J.F., Freeman Dhority L., Hartkemeyer M. (2001): Miteinander Denken: das Geheimnis des Dialogs, Klett Cotta: Stuttgart.

Hartkemeyer, M. (2002): Das Geheimnis des Dialogs, Vortrag auf der Arbeitstagung „Heilung und Heil" der IGT, Lindau 2002, Auditorium-Verlag: Schwarzach.

Höher, F. (2017a): Menschliche Resilienz in Unternehmen, Opladen: Verlag barbara buderich.

Höher, F. (2017b): Transformation Circle,
in: Schmid, B., König, O. (Hrsg.),
Train the Coach: ManagerSeminar: Bonn

Krishnamurti, J. (1975): Revolution durch Meditation,
Bad Homburg: Humata.

Krishnamurti, J. (1996): Die Wahrheit ist ein pfadloses
Land, München: Knaur

Krishnamurti, J. (1994): Die Zukunft ist jetzt – letzte Gespräche, Frankfurt: Fischer.

Kischnamurti, J. (2015) Das Licht in uns, Über wahre
Meditation, Berlin: edition steinrich. (Original: (1999):
The Light in Oneself, True Meditation, Boston: Shambala).

Loevinger, J. (1985): Revision of the Sentence Completion Test for Ego Development, in: Journal of Personality and Social Psychology, Vol. 48, No. 2, S. 420-427.

Luhmann, L. (2000): Organisation und Entscheidung
Westdeutscher Verlag: Opladen, Wiesbaden

Mohr, G. (2000): Lebendige Unternehmen führen,
Frankfurt: FAZ-Buchverlag.

Mohr, G. (2006): Systemische Organisationsanalyse,
Grundlagen und Dynamiken der Organisationsentwicklung, Bergisch-Gladbach: Edition Humanistische Psychologie.

Mohr, G. (2008): Coaching und Selbstcoaching, Bergisch-Gladbach: Edition Humanistische Psychologie.

Mohr, G. (2010): Workbook Coaching und Organisationsentwicklung, Bergisch-Gladbach: Edition Humanistische Psychologie.

Mohr, G. (2014): Achtsamkeitscoaching, Bergisch-Gladbach: Edition Humanistische Psychologie

Mohr, G. (2014): In-house group coaching – A study on effective conditions, consequences and effects on organizational culture, in: International Journal for Transactional Analysis Research, Vol 5, 2, 3-16.

Mohr, G. (2015): Systemische Wirtschaftsanalyse (Systemic Economic Analysis), Bergisch-Gladbach: Edition Humanistische Psychologie.

Mohr, G. (2017): Resilienzcoaching für Menschen und Systeme, Bergisch-Gladbach: Edition Humanistische Psychologie.

Robertson, B. (2015): Holacracy: The Revolutionary Management System that Abolishes Hierarchy, deutsch: Robertson, B. (2016): Holacracy: Ein revolutionäres Management-System für eine volatile Welt, München: Vahlen

Rosa, H. (2016): Resonanz, Eine Soziologie der Weltbeziehung, Berlin: Suhrkamp.

Scharmer, C. O. (2005): Theorie U – Von der Zukunft her führen, Presencing als soziale Technik der Freiheit, Heidelberg: Carl Auer Verlag.

Senge, Peter et al. (1996): Das Fieldbook zur Fünften Disziplin. Stuttgart, Klett-Cotta.

Schmid, B., König, O. (Hrsg.) (2017): Train the Coach: Methoden, Übungen und Interventionen für die

professionelle Weiterbildung von Coachs, Teamcoachs, Change-Agents, Organisationsentwicklern und Führungskräften, ManagerSeminar: Bonn
Tuckman, B. W. (1965): Developmental sequence in small groups. In: Psychological Bulletin. 63, S. 384–399.

Auf YouTube:

Zu den Ich-Zuständen
https://www.youtube.com/watch?v=LCRFFJFi124

Zur Wirtschaftskrise
https://www.youtube.com/watch?v=hQmrbta8tZM

Phasen des Coachings
https://www.youtube.com/watch?v=9dI36gljnAg

Zu Multi-Level Coaching
https://www.youtube.com/watch?v=2mEqphOSQnI

Das Kunstwerk des Lebens
ttps://www.youtube.com/watch?v=48Ff4Gs7IYY

TA for Organisations
https://www.youtube.com/watch?v=Oyw26x7lDtw

Megatrends and the Future of TA
https://www.youtube.com/watch?v=KEks0N6Z48w

Ego states and mindfulness
https://www.youtube.com/watch?v=Gh44CYQlxuc

weitere Literaturliste auf

www.mohr-coaching.de/Ressourcen

Bisherige Bücher von Günther Mohr:

- Lebendige Unternehmen führen (2000),
- Systemische Organisationsanalyse (2006),
- Growth and Change for Organizations"(2006),
- Coaching und Selbstcoaching (2008),
- Wirtschaftskrise und neue Orientierung (2009),
- Workbook Coaching und Organisationsentwicklung (2010),
- Individual and organizational TA for the 21st century" (2011),
- Achtsamkeitscoaching (2014),
- Systemische Wirtschaftsanalyse (2015),
- Ego and Mindfulness (2016),
- Resilienz-Coaching (2017).